美麗只是一朵花，女人值得永遠精彩

高愛倫——著

目錄 / CONTENTS

/ Recommended /

推薦序

/ Chapter 1 /

豪門
無需靠他人

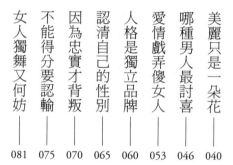

/ Chapter 2 /

翻雲覆雨
辨情商

/ Chapter 3 /

社交禮儀
論是非

/ Chapter 4 /

精彩女人
懂選擇

推薦序 RECOMMENDED

人生的花園

王美珍

女人像什麼？譬喻可以有無限多，可以是幅畫、是隻貓、是片雲……，看完了這本書，我發現高愛倫最常用的隱喻是「花」。

有種過花的人皆知，開花並非理所當然。在花市看到的花再美，進家門後都是另外一回事，依著環境的變化，需調整澆水頻率、除蟲、剪枝、換位置、施肥，有時她會再度盛開，有些則就不願再開了——我家的九重葛就是如此，剛種時本是一盆密密麻麻的搶眼的斑爛紫，像是恨不得別人沒看見似的，而今突然轉性為一叢單純舒服的綠。

我有時會想，花是不是也想休息了呢？就像許多女子中年後的心境，開花固然過癮，但「不開花」也是種自由。女人不必一直是朵花，愛倫說的。

這本書是高愛倫在《50+》專欄的部分集結，寫的是女性步入人生下半場，在不同角色之間的切換與自我成長與適應：關於婚姻、關於友誼，也關於自己。人生的花園裡，哪兒該種花、哪兒該鋪草、哪裡種棵樹，如何安放成自己喜歡的樣子，皆是智慧。

關於婚姻，有回我們討論到，許多老夫老妻都已經是各自生活，她和我說：「若婚姻裡兩個人都各自過各自的，那何必結婚呢？」因而她寫婚姻之道，女人較似聰明的花，該被疼就被疼，她從不壓抑與隱藏自己的熱情與需求。不同於政治正確的男女平等訴求，她的理論是「男女就是不平等」。她直言：「男人該讓女人的部分就要讓女人，女人該讓男人的部分就要讓男人。都讓對了，才會是適當的平等。」書中好笑的例子是，垃圾髒，就該是男性去倒啊。不過，她也提醒花會凋零，因而女性不能只「自戀是朵花」，還是需要不斷地自我充實，強調「幸福的女人，往往是自己的ＩＱ、ＥＱ在前面開路。」

關於友誼，高愛倫的哲學則像「草」，樂於當配角是最高境界：「急切渴望主角位子的人，容易失去主宰生活的冷靜……。在不同的主題事件裡，有時的自己，顯得很重要；有時的自己，必須安於微不足道。」有回參加她的聚會，朋友上台唱歌跳舞，她絕對是歡呼最大聲的鼓掌部隊。她常說，讓別人快樂，自己才快樂。也因為這樣的好人緣，讓她推廣出版的「愛倫書房」竟然只靠著LINE群組推薦書，就達到一年一百多萬的營業額。她寫，「老之有趣，在於，強要的，難得，淡定的，有成。」

而何時像樹呢？這是這本書中我最喜歡的一篇〈一筆滄桑流水帳〉。她回顧人生前半場曾經歷的情傷與憂鬱，「沒有一個人的心是未被傷痛浸泡過的」。而今她已能面對過去的破碎，轉念看待過去「成為一個有瑕疵的藝術品」，就像樹的年輪，成長的痕跡已成為美。

「而今老年，年歲笑我，我笑年歲。」而今以白髮為美的她，已能如此瀟灑。

妳的人生花園是什麼模樣？期盼看完此書的讀者，能有花的霸氣、草的隨和、樹的堅韌，而這就是我認識的高愛倫。

《50+》總編輯　王美珍

熟齡人生的大補帖

沈春華

高愛倫是個非典的影劇記者。她洞悉人性，觀察敏銳，文筆生動又犀利，但絕不惡意揭露隱私，也不堆疊曖昧和八卦，拿聳動和窺視迎合讀者。更妙的是，一般記者大都隱身在媒體招牌之後，帶著不沾惹上身的距離來笑談名人，好個進可攻退可守。

但是認識許多大牌明星、天王天后的高愛倫，卻對動輒引發話題和喧騰的明星八卦和感情傳聞，筆鋒常有收斂和體貼，不以無冕王的優勢，將自己的功績建立在他人的痛苦上。反而，看盡影藝圈潮來潮往的這位媒體老兵，勇於開腸剖肚，將自己的愛恨情仇、挫折和脆弱，原汁原味的呈現在讀者面前！這也是為什麼她的前兩本書《我微笑，但不一定快樂》以及《此刻最美好》能受到讀者喜愛，成為暢銷書的原因。

真實不做作，最容易引發共鳴。

勤於筆耕的愛倫又有新作。這回是什麼？我很好奇。

一開始看到書名，並且拜讀了第一章後，心想難道是以愛情與婚姻為主軸？當下覺得挑戰很大呀，因為說到底婚姻是一個願打一個願挨，每對夫妻情境不同，有理難清，所謂「如人飲水冷暖自知」，更何況高姊一向不避諱，和另一半「185」的互動常讓自己為之氣結！

但一路看下去就懂了，《美麗只是一朵花》，與其說是談情說愛的婚姻祕笈，不如說是熟齡人生的大補帖！我輩中人，年歲越長越能體會生活的考驗、心情的動盪從不停歇。

事實上，歲月流逝往往形成兩條背道而馳的曲線：體力和活力往下移動，夢想和憧憬仍奮力爬升……如何讓自己在無可逆轉的「天增歲月人增壽」中，有著「春滿乾坤福滿門」的實現，是從職場高峰退下來的人們智慧的功課。

歲月本身就是一把智慧之鑰，端看妳（你）是否願意開啟新思維。所以愛倫說：「老之有趣，在於，強要的，難得，淡定的，有成。」

「有時的自己，顯得很重要，有時的自己必須安於微不足道。」

這些高氏觀點，讀者無需全面買單，但人生的學習永無止境，我們豈不也是在「看看別人，想想自己」的相互映照中，激發出更自在美好的人生風光。

高愛倫再次用她的穿透之眼，愛與分享，將不只一朵花，而是花團錦簇的生命花籃獻給讀者。

金鐘主持人・資深主播　沈春華

看不見她的車尾燈

胡幼鳳

四十三年前認識高愛倫時，我是剛進民生報的菜鳥記者，她比我約早一年進民生報，但這位不斷精進、活出各種不同人生樣貌的「前輩」，一直讓我「看不到車尾燈」。

當年剛出校門的我，明明是笨鳥，卻自視如孤鷹，一心想和傳統的娛樂記者切割，但對於自成一格、「高反差」的高愛倫，難以歸類，她的一切對我這菜鳥來說都是「大開眼界」。

外表秀麗高眺的她，如自備鎂光燈，走到哪都是目光焦點。

在辦公室她神色自若、一本正經地說著黃色笑話，逗得大家笑得前仰後合，連別組同事都要湊過來聽，黃色笑話由她說來詼諧而不猥褻，少有重覆、日有新招，大家都想問她由哪本祕笈看來的，還有人想寫筆記抄下來，而在談笑間，她「下筆如腹瀉」又快又好的文章已完成，跑獨家、上頭條對她有如探囊取物。

電影圈的人奉她為影劇記者的「扛霸子」，我原以為是她江湖打滾多年修練一身好功夫，後來才知她只比我大一歲。但她處事幹練，為人慷慨大方又熱情周到，領袖魅力渾然天成。

民生報當時是國內第一新創的影劇專業報，她有句名言：「不是大牌找我發新聞，是我寫過，他們就成大牌了。」不只是她寫過的都成了大牌，看她寫諧星許不了遽逝的新聞，既寫出黑道把他當搖錢樹壓榨的內幕，又寫出了許不了「百年難得一丑」的才華與坎坷無奈，能被她這樣寫，我覺得許不了都「死而無憾」了，從此我成了她的粉絲。日後我由電視轉跑電影線，很多大明星名導也都靠她大方引介。

明星記者遭人眼紅勢所難免，下班後她會呼朋引伴，同事們常受邀到她家去吃宵夜，只要去過的人，都心服口服了。

她家燈火終宵，滿堂星光熠熠，大牌、新秀、導演、編劇塞滿了她家各角落，她的好手藝瞬間就讓好酒好菜上桌，喝酒的打牌的，這些人像朋友、工作夥伴在走灶腳，酒過三巡，不勝酒力的朋友醉臥沙發，主人也任其放鬆自在。

這種高朋滿座、夜夜笙歌的日子，我不禁暗嘆：「這豈非今之孟嘗君？這樣交朋友跑新聞，誰能做得到？」

她家中有架螢幕被砸了個洞的電視機，像是另類裝置藝術般袒露著傷口，她不避諱地拿夫妻吵架當笑話。在職場鋒芒畢露的她，在家是捧夫派的小女人，當丈夫安靜看著一缸彩色的熱帶魚游來游去時，令我吃驚的是她溫柔又辛辣的情話：「如果將來我變了心，你怎麼可以不把我殺了？」

當時只覺得很誇張很好笑，以致於數年後由同行口中聽到她因對方外遇而婚變的消息時，為她心痛之餘，反應竟是很差勁地問：「她有沒有把 XXX怎麼樣？」

令人難忘的夜宴熄燈，散席了，那個大聲說笑話的高愛倫消聲匿跡，但她未因己傷而道人之過，她躲著大家舔自己的傷口。

把歡樂帶給大家的她，把悲傷留給了自己。

她堅強地繼續在職場工作，當了大成報總編輯，又回到聯合報系，一手成立了星報，老闆們都對她非常器重，當她五十三歲宣布退休時，我很佩服她放下一切的瀟灑。

和她相約聊天，才知道她傷得那麼重，罹患了身心官能症，她說總覺得像有顆高爾夫球哽在喉頭吞不下去，食不知味。很為她心疼，又覺得那巨大的悲傷很無解。

但失去的愛，讓她生命更豐饒。她把人生活出好多不同的樣貌，她「字療」自己，寫歌詞、編劇、出書、演講、演戲……。

她說「生活是創意，生命是作品」，她用生命故事來寫作，她出了第一本書《快樂不怕命來磨》，讓我覺得她真是用鮮花回報生命給她靈魂的苦難。

有了吳定南之後晚宴的燈又燃亮，不同的是規定十一點就要熄燈。

煥然一新的屋子又響起了女主人的笑語聲，當她形容185早上出現在她門口的笑容多麼燦爛時，她的笑容裡也都是陽光，臉書上盡是她拍攝令人垂涎欲滴的美食照，高朋滿座的好食光，讓朋友都期盼著高愛倫的召集令。

看她寫第二本書《此刻最美好》，我感覺這是好人有好報，定南是老天派來的禮物。

她成了為人打出暖燈的自力發電「發光體」，群聚時，她站在高椅上為大家拍美照。座上賓不再只限演藝圈和媒體圈，擴及藝文圈及其他。

她走到哪，都發亮。

搬離台北住到基隆，遠離過多的社交生活，我以為她要淡出江湖。但她在社區裡建立了社區共餐，讓新友舊交搭建出新的社交網絡。不但「以食會友」，她還「以書會友」，在 LINE 上成立了「愛倫書房」，鼓勵社區內外的人讀書補充精神糧食，竟然團出了四百五十九位書友，用團購方式為書友爭取最低價，也為低迷的書市開發出新通路，創下令人異想不到的佳績。

在《此刻最美好》之後，她又寫了第三本書《我微笑，但不一定快樂》，坦然寫出她憂鬱症復發之苦。這兩本書我覺得都可讓身陷人生黑洞的人當做良藥服用。

而有幸先拜讀她的新書《美麗只是一朵花，女人值得永遠精彩》，不知不覺中讀完，整本書竟被我劃了好多重點金句，簡直是「字字珠璣」的愛情和婚姻的人生寶典，是多年人生體驗淬煉出的寶貴結晶。

這本書既可以當做社交祕訣來看，包括如何帶出別人感興趣及避免禁忌話題。也可以當做工具書來照本演練，包括她對退休人士提出的「倒行逆施」快活四字訣，讓退出職場找不到定位的人，可以心懷彩蛋，找到快樂的方法。

能先睹為快是一大樂趣，但不禁掩卷興嘆，很高興又有點沮喪地說：「我看不到高愛倫的車尾燈。」

資深媒體人・楊士琪紀念獎委員會主委　胡幼鳳

娓娓道來的幽默裡透露著堅毅

徐譽庭

我一直是很多人的「姊姊」，大概從三十歲開始，朋友樂意找我聊心事，尤其是碰到選擇題的時候，我後來也認命了，「徐姊姊」何嘗不是一種恭維?!

二〇一五年冬天，我的憂鬱症大爆發。四十九歲的我好討厭自己、討厭正老去、討厭我還是一個人，討厭我的人生裡為什麼沒有一個可以拉我一把的「姊姊」?!

好友潘瑋翎在被我的情緒折磨了一陣子之後，跟我提起了一個她以前的長官——她跟自己的憂鬱相處了數十年，我突然感覺到自己的眼前漂來了一根大浮木，立刻要求瑋翎：我要認識她！

高愛倫。顧名思義，絕對是一個美女，每天擦脂抹粉，六十歲依舊光鮮動人，長袖善舞，對上嬌嗔、對下犀利的厲害角色——結果超會胡思亂想的我完全錯了！

高姊確實很美，但那是一種素顏、和藹、慈和的美；高姊確實交遊滿天下，但那是她在報界優良品格下建立的堅不可破的深厚情誼。她笑起來的時候是真的世界歡愉，就算要跟你說個道理，都在娓娓道來的幽默裡透露著堅毅。我在她的身上看到了真正的「教養」，與之一席話，在談笑風生裡保證滿滿收穫。

因為高姊，我曾一度想要創作一套劇本，書寫那一代「新聞人」讓人欽佩的作為（在高姊的新書裡有著墨相關事件，待大家慢慢閱讀），可惜我毅力不夠，但始終記掛在心。

認識高姊後的那段時間，高姊從不直言的默默關心著我的身心健康，她帶我參與了各種飯局，有時在高姊家、有時是老饕級才有門路的餐廳。高姊特別會安排這種飯局的角色搭配，每一次我都能聽飽各種故事、她的每一個朋友都風趣可人且正直磊落。我其實是個非常不愛出門的人，但每次答應高姊的聚會從沒有敗興的經驗。

回到高姊的書，坦白說，書寫這篇推薦序的時候我才讀了一半，因為這絕對不是一本你蹲在馬桶上就可以隨意翻完的文字，而是一本「辭典」，一本在你每天睡前期待明天的你「再學會一件事」的指引，當你對人生迷惘時，可以好好查閱的解答，不論愛情、事業、人際……妹妹們，人生中可以有一個以身經百戰的經歷給你忠告的好姊姊，真的無比幸福。

高姊曾失過婚、曾經在否定自己的暗黑裡再次找回自己、六十歲遇到「真愛」、婚禮照片眾星雲集到簡直就是世紀婚禮、她寫詩寫劇本寫書、到現在還過著自律的生活、仍繼續精彩的社交……我這些粗淺的描述，實在有愧高姊的精彩，但我知道，不管我如何詳述，都不如你親自認識她！

你打結了嗎？你也想在人生裡擁有一個高姊嗎？多好！你正翻閱的這本書，是隨時都有空與你聊一聊的紙本高姊，她在字字句句中完全掏開自己的人生閱歷與你傾談，毫不避諱自己的挫敗、也不客套自己的成就，每一篇都需要你細細讀完後闔上書本，慢慢打開自己的結。

我記得當時在拍「誰先愛上他的」時，為了幫邱澤找一個沒有既定形象又慈藹、寬容的母親，大家都傷透了腦筋，當我提出高姊時，所有認識高姊的人都拍案叫絕。我忘不了那個炎夏，三十八度的大中午，高姊站在菜市場回望著告密者的背影、兀自品味殘酷的無助眼神……我們一遍又一遍，因為臨演、因為技術性問題、因為角度，每一次高姊都讓我感動不已。

很多人問我：為什麼你會知道高姊會演戲？

因為人生的經驗、因為慈悲的心懷，會讓我們將心比心，讓我們懂得所有心境的幽微深處，再加上精彩的演說才華，那麼她當然、絕對可以說好一個角色！

最後，真心期望高姊能夠多辦幾場新書發表會，讓你們親眼親耳地瞭解什麼叫「說話好好聽」！

敲碗！

編劇・導演　徐譽庭

永遠的良師益友

陳安儀

愛倫姊是我在聯合報系擔任記者時的直屬長官，她帶了我五年。於公於私，她都是我的良師益友。

身為搖筆桿的作家，愛倫姊的言詞犀利、一針見血。我初進報社時，有一次奉命要寫一篇搞笑圖文，初生之犢不畏虎，竟拿了一張擠眉弄眼的張小燕照片胡謅。愛倫姊審稿時，眉頭一皺：「低級、幽默分不清嗎？資深前輩也敢消遣，妳是有多大牌？」雖知她是對事不對人，但是如此直接還是令我的臉孔青一陣白一陣，含著眼淚走出會議室，從此以後下筆戰戰兢兢，再也不敢造次。

身為報社總編輯，她工作時非常認真敬業，一絲不苟。有一次，同事交上一張藝人新出爐的帥氣相片，她摘下眼鏡瞄了一眼就退還：「換一張！」「怎麼啦？」對方一臉疑惑，看著照片上巧笑倩兮的帥哥，不明白哪裡不對勁。「他有灰指甲！」「啊？」同事睜大眼睛仔細盯著照片足足一分鐘，終於看到穿著涼鞋的偶像男星露出了一小片大拇指。這件事後來成為辦公室笑談：「高姊的眼睛也太銳利了吧？」

身為資深媒體人，愛倫姊秉持良心、潔身自愛，以自己的工作為榮，也以此訓誡我們。當年在報社，每天工作結束之後，我們要輪流「比報」，將漏掉的新聞、獨家報導做成工作紀錄、評比成果。某一次輪到我時，我在其中抱怨挖掘醜聞、報導獨家，常常吃力不討好，不但狂挨受訪者的罵，也不知意義為何？沒想到高姊洋洋灑灑回了我數頁，告訴我：「讀者有『知』的權利，記者就是挖掘真相的人。只要報導並非出自惡意，並且能夠秉持平衡，就算為了『做對的事受到懲罰』，也要堅持到底！」這句話影響我很大，也成為我日後採訪、寫作時最高準則。

然而，即便在職場上強悍堅毅，身為女人，愛倫姊卻有一顆柔軟、包容的心。猶記得我發現丈夫出軌的那一天，我帶著紅腫的雙眼到編輯檯前請假。她安靜地聆聽，之後拍拍我的背，簡單說了一句：「我准妳三天假，妳回家好好處理。記得，好好談、不要衝動。」直到好多年之後，我才在愛倫姊家聽到她親口道出她慘烈的婚姻故事；也才知道那段時間，她也正在艱苦的面對破碎婚姻所產生的身心後遺症。

然而，無論是職場或家庭、愛情或友情、人際或金錢、身體或心靈，一切生命中的試煉，都沒有讓愛倫姊氣餒、退縮。她從不口出惡言，總是笑容滿面，永遠聰慧練達，難怪能知交滿天下，到哪裡都廣受歡迎。她那雙洞悉世事、清明的雙眼，總能輕易看清真相、找出邏輯、發現道理，轉身走出荊棘，迎來春天的陽光。

這本新作是愛倫姊的第四本書，也是她人生智慧的集結。無論是最新流行的網路、派對，或是老掉牙的婚姻、愛情問題，愛倫姊都有自己獨到的看法和解決問題的方式，字字珠璣、每頁都有金句，值得大家細細品味！

資深媒體人・新職教育作家　陳安儀

不論如何都要活得精彩

陳月卿

看愛倫的書很輕鬆，但處處有驚喜，時時有金句。如：「女人，先做好自己，即使一個家庭主婦，也是家庭裡的御用品牌」；「女人獨舞，不是悲劇……弄個會踩腳的舞伴，真還不如一個人坐在公園享受鳥語花香的悠閒」；「就算是棄婦，多少也得留個讓人家有點棄之可惜的遺憾」。

更多是警句，如：「美麗的女人容易犯錯，因為泡在糖漿裡太久，再也沒有能力吃一口辛辣」；「沒有疼愛的愛會為愛帶來很多疼」；「婚姻中什麼最可怕，謊言最可怕」；「夫妻關係過了一定年資，就算沒有『性事』，也不能沒有『房事』」；「如果不是為了生孩子，男人女人幹嘛要在一起？尤其年齡一飛上四五六之後，這兩種本來就格格不入的物種，簡直就是鬥雞同籠，很容易就你死我活的拔光彼此羽毛。」

這些金句或警句，不論是逗得你莞爾一笑，或讓你悚然心驚，總之句句入心，讓你對男女之間、愛情，婚姻的過去、現在、未來，驀然有新的眼光、新的省思和體悟。

女人重情，一生常為情所苦，愛倫亦然。人生煩惱事，不論愛情、自我、事業、外遇、小三、第二春，在愛倫筆下，看來一派輕鬆，但往往笑中帶淚，背後是撕心裂肺的傷痛，這樣的舉重若輕，愛倫說是因為「我這一生已經死活了好幾回，而且每一次的『生態』都大不相同，次次痛中有樂，樂中有痛；還真想再活出幾回不同的樣子。」

這就是我認識的愛倫，真心真意，熾熱猛烈，就像一團火，往往不僅灼傷自己，也燙著別人，但不減愛倫對人對事乃至對人世的熱情與執著，無論如何都要活得精彩！

愛倫說：「閱讀人和人的生活故事，是一種娛樂，也是一種進修。」或許這就是許多讀者喜歡愛倫作品的原因，他們藉愛倫的酒杯，澆自己的塊壘；在閱讀的同時不僅娛樂了自己，也洗滌了自己。

佛法說：婚姻是最好的修練道場；又說：煩惱即菩提。也就是說人生中愛情、婚姻帶來最多的煩惱，而煩惱的反面是菩提智慧，人為了解除心中煩惱痛苦，因而直接、間接走上尋找智慧的路途。我發現人生的遭遇都是功課，也是禮物，端看你如何拆解，如何看待。人生痛苦皆因執著而來，如果能藉著婚姻、家庭中夫妻子女，兄弟姊妹相異的觀點，學會包容、欣賞，破除貪嗔癡慢疑種種我執，那就是人生中最大的收穫。

財團法人癌症關懷基金會董事長　陳月卿

女性總能在任何時空裡找到自己的身影和聲音

潘靖

與愛倫相識在二〇〇六年，那時我剛從上海武術院回來，像是南北兩極的生活圈竟然比鄰而坐。她與我討論武學，我請益她的文學，這偶然的機遇一文一武未完待續……同年又在不同的場合遇到兩次，緣分無為而治出場，時間讓彼此留下了一段很漫長的伏筆。二〇一八年五月我們再次續緣，她依然如大地般的笑容充滿著魅力與親和力，我們席地而坐吃著豆花促膝閒談，她總說要將想法整理出來轉成文字，不然養在深閨無人懂，希望我多寫將所學分享出來。這力透紙背的鼓勵讓人有追風逐月的夢想。寫字者，寫志也，看愛倫的文章就像一位爐火純青的老中醫望聞問切後的洞察事理，庖丁解牛將文字化為砭針，精準的扎進最重要的穴位。接著是一陣清風明月高山流水松下撫琴去！

老子所說的：終不為大，故能成其大。這是愛倫文字的魅力！

今年愛倫出了她的新書《美麗只是一朵花，女人值得永遠精彩》，書名如其人，在她的身上感受到是青春無敵的氣場。無關年齡的多寡，是對人生、對生活、對生命的豁達。接納、信任、還有不斷的成長，不管時代如何演變在歷史長河裡，女性總能在任何時空裡找到自己的身影和聲音。如奧黛麗赫本、海倫・凱勒、居禮夫人，再如憑借一己之力扶持一個王朝的清孝莊皇后、陳樹菊賣菜捐款登上《富比士》及《時代》雜誌、美國脫口秀女王奧普拉、溫弗瑞、《哈利・波特》魔法作家J・K・羅琳，還有七十三歲仍然稱霸名模的梅依・馬斯克（Maye Musk），在她的個人網站上，曾這麼寫著：My favorite hashtag is #Its Great To Be 71 Because IT IS！

梅依・馬斯克（Maye Musk）經常掛在嘴邊的一句話：Old is Gold，意思是人老是金，這些充滿力量感的女人，擁有滴水穿石般的意志，及強大的包容能量能容常人所不能忍的事物，以柔弱勝剛的姿態來創造屬於自己無限的可能。高齡一百歲的艾瑞絲・艾普菲爾（Iris Apfel），將活到老「潮」到老的概念，成了時尚圈須奉行的信仰。

歲月不敗美人顏，韶華不負流年，撕掉年齡的標籤，重要的不是妳的年華，而是對生命的熱愛。任何瞬間的心動都不容易，請不要怠慢了它，愛此時的生活，此刻身旁的人，取悅自己，幽默一生，自信一生，獨一無二的一生。僅此一次的人生只有「此刻最美好」，即使「我微笑，但不一定快樂」，也不放棄生活和希望，妳仍注定為人所愛，因為「美麗只是一朵花，女人值得永遠精彩」。

世界盃太極拳冠軍暨國際教練　潘靖

有縫，就一定有光！

賴慕芬

和愛倫姊結緣，她的文字詞彙中的生命態度，讓我學會了勇敢、轉念、改變和接受。當自己開啟了思維的樊籠，發覺焦慮、煩惱與不安已然消失殆盡，人生的無限可能，埋藏在每一次歸零之後！

從愛倫姊《此刻最美好》人生下半場重新計分的轉念，流淚時寫信給自己，體悟到快樂和開心互為因果，伴隨的是美好幸福！

而《我微笑，但不一定快樂》，愛倫姊赤裸裸寫下憂鬱症的苦痛到自我和解的歷程。再再被稱為暖心的暢銷書作家，啟發了夢想與現實的較勁，生命可以重塑，內在的組裝也可以徹底翻修。讀來千頭萬緒的感動，依舊是淚水笑聲摻和著快樂，憂鬱症，你就滾得遠遠吧！

當我捧著愛倫姊熱騰騰的書稿，映入眼眸是三十多個篇章，各個起首皆是七言絕句，沒有深厚的底蘊及生活歷練怎可能如此寓意貼切？對一個掙脫酷寒牢籠的我，痛得還來不及感傷，就埋首愛倫姊的醒世叢花歡喜大作中，所有不得不的孤單，霎時成了自由釋放，沒有翅膀也可以飛翔的喜鵲。

有縫就一定有光！

愛倫姊未曾知道她的文辭魅力，是我的療癒、我的光。她文如哲思，像極了印度詩哲泰戈爾，看盡大自然與生命的喜悲愁忍、得到失去、自由背叛、人生哲理藏於心間，筆下合而為一，用輕鬆詼諧脫去了苦悶煩躁，星光晝夜在屋裡燃起了一盞燈……

愛倫姊用「他」和「她」表達是為兩性而寫的書冊，但我卻說這書是現代女性人人必讀的百科全書，面對感情、婚姻、家庭、愛情，愛倫姊形容自己曾經是冰窖最中心的冰晶，結霜緩緩融化如珍珠，而我被鎖埋在冰窖時，選擇瑟縮自憐地躲藏，恐慌吞忍不敢投訴。在生命意外後的自卑自責，愛倫姊在生命激情後疲憊的靈魂深處令人動容，這種種對我是真實也是虛擬，虛擬也是真實，沉澱省思後我飄然享受孤單獨舞的美好，原來這才是生命的真相啊！

書裡從教育、感情、職場、鄰居、到ＡＡ制的密謀等由點而面，尤其是闡述正宮和小三，含羞草霎時成了霸王花；新聞媒體的規範，受過專業媒體訓練的人都深知，愛之害之一刃雙面，如何讓聳動的標題吸睛？是媒體守門員的自律，揚善即善，其實我們都是有內心戲的含羞草，刀劍飆過硬頸霸王花，管你是老子還是天王？所有的焦慮、煩惱與不安早如書中所寫發心溫柔，贖回自己的人生的自主權，換取生命最高的CP值。

愛倫姊接地氣的文字，OS心中滋長的茂密果實，新世代的急速的愛情，像地下錢莊的高利貸借條，也期待每一位俊男把妻子當情人，而不只是家人；即便律法未必有真正的是非正義，也無需滿街敲鑼呼爆了冤屈，沒有話語權，倒讓自己像極了奔竄的范進，惟有吸納飽滿內在的強大實力，世界會爭先恐後把麥克風強遞到你的面前。看愛倫姊描述的大陸知名藝人，金星的故事；生命最滄桑的課題不是年齡歲月，是我們面對社會面對環境的體悟，我們是否有儲備足夠的支撐力，延續逆轉勝的傳奇嗎？

當我眼眸中還有淚，愛倫姊下一秒的文字，就讓我拍案狂笑忘了修養，忘了我在謐靜的益品書屋；愛倫姊筆下的定南哥和她成了二十四小時長相左右的「軍中袍澤」，而我對號入座「豬哥豬姊豬頭事」絕不再蹉跎。

所以菟絲花和霸王花相容相依相鄰的瞬間，是想像也是真相，當她們合而為一，帶給我們的自由，希望，生命力中的夢想，也是原始驅動力和慾望，制約的框架容許衝撞失敗中汲取經驗和 know how。

我們的一生哪一個人不是鼻青臉腫？夢想未曾欺騙過你我，夢想成為無限膨脹的幻想，成為我們自欺的藉口！

最值得一提的是二〇二〇年愛倫姊成立了「愛倫書房」，一年多的疫情間，透過愛倫姊用心的一本一本推薦，各出版社用最低的金額給愛閱讀的我們，宅在家依舊能把天下萬物諸事捧在手中了然於心，人生真的太美好了！書房的業績打破了實體書店的迷思，當愛倫書房連連達成不可能的任務時，各大出版社無不瞠目結舌，這就是愛倫姊永遠用積極的歡喜心達成不可能的任務。

我也藉着團書機會，汰換書架上的書送至社區圖書館或偏鄉，一位天使發心的善，像蝴蝶擺動雙翼，造福了多少愛書好孩子。而新住民好姊妹趁疫情間假期回重慶，我送上愛倫書房團入的三毛套書，讓她帶回重慶，並在三毛的故居裡回溫，那更是另一種溫暖。

愛倫書房常有暖心故事，她曾經為我長期關心的新住民和肯納的孩子登高一呼，自己率先捐款、募款，短短數日，兩個協會就收到數萬元捐款，解決了燃眉的活動經費。如愛倫姊書中所寫，「行善不是角力，行善是：我願意」。

數年前台北藝博結束，我們一夥人慶功，大老遠就看到定南哥「自在又帥氣」，很難不多看兩眼。身旁自然是貌美的愛倫姊，我一向不愛攀緣，更擔心打擾，默默坐了下來。愛倫姊離去時已走到門邊，或許是媒體人的敏感度，她猛回頭：那不是賴慕芬嗎？轉身暖心地走了過來，歡喜開心的合照。愛倫姊竟是剛從醫院動完腦部手術出來。她就是這般暖心的讓我把感動和祝福塞得滿滿，頓時也汗顏自己的狹隘多慮。

近年來，愛倫姊的書都是高掛暢銷排行榜，在我心中她不是名媛不是貴婦，她的詞彙淺顯、哲理自在，如帕斯卡所言，心靈的自由非理性所能理解，她處在兩個無限中，愛智慧有理性的沉澱，愛倫姊鼓勵生命中種種的遺漏，要有歸零的勇氣，生命不該與自我形同陌路而是轉念。「一個人的善良、義氣、慷慨、助人都是受歡迎的基礎」，愛倫姊寫得是自己的歡喜也是紅塵眾生，所以她能挺拔於林，擇季而斑斕，給我們最深刻溫暖的智慧和溫度！

華巍藝術新聞總監　賴慕芬

Chapter 1

豪門
無需靠他人

美麗只是一朵花

妳希望成年的自己，屬於哪一種女性角色？因夫而貴？還是因己風光？

女生總會過十八，不要自戀是朵花。

女人總是要長大，不要成為瓶中花。

人情世故取代青蔥校園，不管哪行哪業，都是：小姐已經做了媽，熟女也有好冤家；願意參加同學會的，早已忘了性別之分，打情罵俏戲謔彼此之餘，紳士淑女都沒那麼在意 Lady first 的優雅。

每一年的夏天，專科學校、大學，會釋放多少美女、才女、富家女進入社會？她們又將和世界級的美女、才女、富家女進行什麼樣的競爭？

女生和女人們，誠實的說，妳們覺得擁有這三種條件或背景的女子，誰在起跑線上最佔優勢？

男生女生都經得起這樣的笑話：在學校就最漂亮的女同學，一定嫁了有錢的丈夫，在學校欠缺美色的女同學，一定擁有最具個人成就的事業。這現象還真寫實。

富有丈夫和光鮮自己，並沒有高低之分，只是，妳希望成年的自己，屬於哪一種女性角色？因夫而貴？還是因己風光？

如果妳有第一和第二志願的分別心，那妳要先「立定志向」，因為妳擅長什麼或講究什麼，自然會造成不一樣的女性特質與氣質，懂得扣人心弦的讀心術和某種特立的價值觀，就是吸引完全不同異性的關鍵。

女人，先做好自己，即使一個家庭主婦，也是家庭裡的御用品牌，妳在家人愛人面前，依然要有自己的價值。

美麗只是一朵花，從含苞到綻放，總有凋零之日，妳的美麗若要常在，妳得建立內在的花魂。

美麗的女人容易成功，因為從殿前武士到閨蜜之交，她備受疼愛，備受助力；美麗的女人容易犯錯，因為她浸泡在糖漿裡太久，再也沒有能力吃一口辛辣；美麗的女人比較善良，因為她不容易遇到挫折，對人就充滿沒有防衛性的信任；美麗的女人也會邪惡，因為她習慣聽讚美的掌聲，完全無法忍受焦點的轉移。

我曾問女友們一個問題：極端的漂亮和富有，只能二選一，妳選哪一個？所謂漂亮，就是漂亮到傾國傾城卻配上賣身救父的貧困。所謂富有，就是有錢到富可敵國卻配上讓人不敢多看一眼的其貌不揚。

我，從未美麗，很理所當然的答案就是：「我選漂亮，魅奪天下。」而我其他貌美如花且因美馳名的女伴們，居然一面倒：「當然有錢比較重要，錢夠多了，醜女也會變美女。」

這個提問，當時大家辯解的很激烈，我勢單力孤的被笑話著，直到新冠病毒發生時，全世界有多少生命，在汰老、汰窮、汰弱的背景中，讓醫生被迫含著眼淚選擇救治對象。我突然悲慘地懂了，金錢不只主宰著命運，還主宰著性命。

兩岸美女在我面前說過粗話的大概有三五個。只要聽她們爆著嗓子學大老粗說話，我就笑得彎腰岔氣，尤其大陸北方姑娘，頂著一張不食人間煙火的仙女臉，卻說出一口癩蛤蟆的疙瘩話，不但不覺得刺耳，還覺得她們在說唱笑話。

有一次，因為同桌男士一餐飯說了一百次三字經、五字經，我突然發了瘋似的回以粗話，嚇得一桌子人噤聲後再一起打圓場；對比我的美女朋友們，我不得不相信，美麗是優勢，她們偶爾粗魯，周遭認為是風趣可愛，我這等姿色的女子一爆粗口就真的俗不可耐令人驚恐了。

網路讓任何年齡的女人，都有機會進入青春或美麗話題，全世界，從六十到八十的女性，一再因知識、教養、舞技、健美、才藝、服裝，成為全球轉寄影片的話題主角；自古美人怕白頭，這句形容已是過去式了，網路讓老女人好吃香，只是妳準備好了沒？

女人不同於女孩，不管有沒有人家看得到的美麗，在熟女陣容裡只有拼氣質拚智慧才是上上選。

美麗與財富二選一是性向測驗題，人生的選擇和運氣哪有這麼容易，只是知道自己志氣所在是必須的；話說回來，不極富、不極美，分數不高，卻兩相平衡，那樣的剛剛好，也是最沒壓力的好命。

在庶人出頭天的現在，妳沒有背景，可能就是最好的背景，因為妳相對不會有包袱，只要能讓妳奪得先機的戰略，妳不怕從任何角度發射任何子彈；以致沒有身家背景的故事，在這個年代，更容易成為同儕的標竿，妳特別，就有可能一夜成名。

文青、知青、憤青、廢青，一路改變與創造年輕人的入世風采，也陸續插旗登上痞子霸主、菁英領袖的位子。

拋學士帽，穿學士衣，照完畢業照，從此，美麗的大學生要懂得：美麗是一種優勢，美麗並不屬於條件。

為了完成妳想要的人生願景，多看一些傳記電影、傳記讀物，從舞蹈家、音樂家、畫家到科學家、政治家，那所有的真人實事，不是告訴妳如何捕獲成功，而是實證歷歷的讓妳看到一個人的精神意志力量。圓夢的目的不是只為了成功，還包括實踐內心的信仰。

不管妳有沒有擁有一張值得慶幸的美麗臉龐，妳都有權利能力去打造自己命運的美麗。

「美麗只是一朵花」不是用來忌妒或嘲諷，而是明白：再美的花，都有花期，花期過後，身將何處？女人如花美在年少，向下走去，妳要懂得氣質從哪來，智慧如何生，如果因美麗而驕傲的停頓了進步，豔花終究要凋零，不是醫美或保養所可成就與拯救的。

花會凋零人會老，在最美的青春，就要認清：美麗的容貌轉眼過。趁著優勢，好好裝備自己，十八二八過三八，年年都有新風華。

妳的美麗如果有內涵，老了就進階到氣質取勝，妳的美麗如果沒有內涵，那即使是花樣年華，得到的讚美大概也僅限於：一只漂亮的花瓶，或，更慘的形容：虛有其表、金玉其外。

哪種男人最討喜

莫忘問自己：妳有能力維護自己的魅力不掉漆？也能對抗隱形的紅粉兵團？
莫忘問自己：妳喜歡做家庭裡的女漢子、鐵娘子嗎？
莫忘問自己：對他，朋友的認同和妳的認知，哪一種感覺讓妳覺得幸福？
莫忘問自己：妳喜歡融入江湖故事嗎？
莫忘問自己：妳能對藝術家的個性做到順服與支持嗎？
莫忘問自己：妳的心能在勉強中付出完整的愛嗎？
莫忘問自己：妳的默默，是不是給了他最大的撒謊權利？

選擇一個彼此適合的伴侶，其實比想像難得多，在這些淘汰賽裡，我們不僅要淘汰別人，也可能時時會淘汰自己。

長髮飄飄裙襬搖搖，英雄好漢追得心焦。

嫁作人妻前，哪個姑娘不是海裡珍珠，天上月亮，任人仰望千里尋，日夜相思求一吻。

妳願被誰摘？妳願被誰採？牢牢記住，妳的選擇可能讓當下的自己驚喜交加，很確定「他就是我的菜！」，可是多數女性真的忘了評估「我會是他的菜嗎？」

他在追我，我當然是他的菜；NO！NO！NO！這是迷思。

激情是追求的驅動程式，展現的樣貌跟愛情形式完全吻合，只是激情和愛情基因不同，在婚姻實驗室裡，很容易就分解或瓦解你們的差距，運氣好，不同的分子結合可以產生互補作用，但有時，也很可能在相互排斥中引發強烈的殺傷力。

妳遇過哪些類型追求者？這些追求者都讓妳感覺得到強烈炙熱的愛……

手筆闊綽富二代

這種追求者總是讓妳風光博彩！

姊妹淘聚會，只要他出現，就是他買單。

任何名目都會獻上讓妳炫耀讓他炫富的禮物。

擁有他，妳會以為自己擁有天下。

別忘了，他在追求妳，也有很多女性在追求他，妳認為自己罩得住嗎？

莫忘問自己：妳有能力維護自己的魅力不掉漆？也能對抗隱形的紅粉兵團？

勞作工藝木雞男

除了上班、滑手機寫情愛簡訊，問他生活知識與常識，他就一臉茫然，接個Wi-Fi換個燈泡、旋個螺絲補個油漆，他傻在那兒全不會。

男孩對家務事如果沒有認知，在以前，可以將就，但現在，不能忍受；雙薪小家庭，如果什麼小規模隨手之勞的釘釘錘錘都要花錢找師傅，不久，妳為了樽節開銷、工人難求，乾脆訓練自己把家裡粗細活全攬下，懶得囉嗦的自己搞定一切。

莫忘問自己：妳喜歡做家庭裡的女漢子、鐵娘子嗎？

殷勤暖男工具人

他殷勤，他隨和，幫忙搬家送貨，隨傳隨到。

一桌聚餐，飯後他幫妳一個一個女朋友送到家，一圈兜下來，跑完了半個台北，自己回到家已經天亮，妳說下次不必這麼周到，因為台北的夜晚很安全，然後他還是每次如此，最後妳想這個好習慣為什麼並沒有讓妳覺得很舒服？過度服務的暖男很受妳女朋友們的喜歡，她們都恭喜妳有一個這麼體貼的對象。

莫忘問自己：對他，朋友的認同和妳的認知，哪一種感覺讓妳覺得幸福？

只認江湖鐵漢哥

他的朋友妳都認識，他的家人妳都認識，這是一個很好的基礎，容易觀察出他的生活習性。

他對妳慷慨，對家人慷慨，對朋友慷慨，但是他相信的真理都是江湖道義，對妳死心塌地，對未來太隨波逐流，妳會恍惚：自己是他的戀人？還是他的哥們兒？

他的夥伴敬妳如押寨夫人，輩分高的也視妳為義妹，妳在一個特殊文化的世界受到保護，他們都是天然屏障，妳不會受到欺負。

莫忘問自己：妳喜歡融入江湖故事嗎？

墨客騷人才氣男

才氣真的是相當吸引女人的。

但是懷才不遇，常讓火氣大過才氣，又讓怨氣凌駕火氣。

被才子愛上的佳人，容易自陷非理性的崇拜，妳可以相信自己是對方創作的靈感，妳也要懂得承擔他在挫折中可能的遷怒。

莫忘問自己：妳能對藝術家的個性做到順服與支持嗎？

班對未必是眷屬

在學校一起四年，或者更久，同進同出，接受班對的稱呼。畢業後，世界放大，認人放寬，有一些新奇的人、新奇的事、新奇的觀念，突然捕獲妳所有的關注，妳知道自己開始變心了，妳知道班對的他還是一如往常專情，怎麼辦？怎麼辦？

進入社會學會的第一件事就是移情別戀，不但讓別人受傷，也讓自己慚愧……，到底該如何是好？

莫忘問自己：妳的心能在勉強中付出完整的愛嗎？

掉入陷阱奪人夫

你們順著自然的心情與感情走進沒有瑕疵的情節，他是如此美好，你們的關係也是如此完美，可是不經意翻到人物介紹，才知道自己接演的劇本是奪人之夫的角色。

你們的自我介紹相當單純，沒有蓄意也沒有隱藏背景的意圖，可是時間一長，見面次數一多，你們雙雙掉進悲情的邪惡角色中，因為真愛無企圖，妳認為妳可以做個隱密不出聲的小三，妳的默默不會傷到誰……。

莫忘問自己：妳的默默，是不是給了他最大的撒謊權利？

選擇一個彼此適合的伴侶，其實比想像難得多，在這些淘汰賽裡，我們不僅要淘汰別人，也可能時時會淘汰自己。

大致而言，只要在一起就有說不完的話、用不盡的笑，已經是天作之合，但是，愛情不只是兩個人的事而已，遇到幸福的時候，要安頓好受妳影響的人，也要安頓好自己堅定並誠實的選擇。

愛情戲弄傻女人

當躂躂的馬蹄已成過客時，就讓牠隨風去吧。
想拴住不屬於你的心，就是綁死自己的身。

「冒險」、「探險」是男歡女愛裡最神祕的一環，不但天賦的磁力逗弄男男女女心猿意馬、難以抗拒，還讓彼此充滿一生一世的幸福盼望。

但是愛情革命了。愛情的價值受到新文明的顛覆。沉默布局是文革，插旗挑釁是武革，不但一級戰將天下盡是，而且文武雙全也各具特異功能。

於是談場戀愛，要開始懂得「涉險」就是「風險」，稍不留意，為你而死的人可能轉眼之間就決定讓你去死。

老式愛情發生時，再好的朋友也是遠遠看著，絕不會貿然討論人家開燈關燈的親密關係，卻總是會同心同理跟著跌入唯美氛圍。

新式愛情發生時，鑼鼓喧天，所有陌生人都聞聲起舞，在電腦前捧著便當端著小椅，不分時段的熱烈軋上一角，好像六十年前剛發明電視的那個年代，只要有人影有聲音的畫面都是不容錯過的好看。

以前的人基於禮教，最多會評論這對鴛鴦應該棒打還是成全？現在的人基於健教，不是臆測男一雄壯威武的幹練，就是探討女一不吃悶虧的神力無邊。碰到以暴力逼人就範的新聞，脫離現場後的男人則是狼狽悽慘，你欺負她，她就告你，不告不知道，一告，又讓全天下人都同時知道：施暴男人居然是怎麼踩也騎不動的破腳踏車。

戀愛跟詐欺一樣，最容易讓人瞬間看清世道恩怨，愛恨，情同致人於死的柔腸劍。

因為世間無人真會吞劍，有些把戲適可而止。尤其，愛時，不要糊塗，散時，不要莽撞，牽手的時候真心真意，萬一單純的愛突然雲淡風輕了，雖然會讓對方百般不適，卻也不致讓對方懷恨在心；懷恨，就是招惹遠古恐龍發怒，他只要淡淡一甩尾，槍彈難服，傷亡無底，求饒無效，回頭無岸。

愛情再也不美了，連戲劇故事裡的角色都一再把愛情當作興業工具、復仇工具、牟利工具，透過愛情表現的氣震山河，攻城掠地，一再比蕩氣迴腸，纏綿多情，更容易教化人心；人性善惡的質地是因戲劇薰陶脫穎而出？還是萬眾一心的天性就是喜愛虐心虐情？

好好愛吧！男孩女孩！

好好愛吧！男人女人！

好好愛吧！大叔大嬸！

好好愛吧！老爹老娘！

網路發達雖然為難了很多老人，但是網路的無遠弗屆，也造就了很多沒有顏值的老人突然升值成骨董幣值，他們靠著人生閱歷，把美言美好美意美滿美名植入及映照自己日常；點閱一下就知道，關於美麗人性的故事，好像皺紋多的主人翁比年輕派少壯派多？

年輕派打的是生活裡小確幸的滿足；少壯派打的是創業靠努力的神氣；老壯派打的是成功之後要守成與創新甚至分配的智慧。

在皺紋多的人面前，你恥老，他笑笑，你憤青，他笑笑，你仇富，他笑笑，你言語粗鄙，他還是笑笑。

普世認為：愛情和青春才有相對的權利，所以父母很難阻擋孩子的愛情，父母的愛情卻常常得看孩子的同意程度選擇去留。

其實愛情是生命裡不會死去的特殊情懷，只是看你有沒有機會遇到金玉良緣。養老院裡的皺紋老人，啥也不稀奇了，可是愛在夕陽中、爭風吃醋的故事，並沒有少發生過，荷爾蒙不是愛情的唯一原動力。

愛情是一本無字天書，也是武俠祕笈，讀不讀得通，有天賦，也有運氣，當然，切磋情藝的對手是反派還是正派，關係著有沒出拐子搞么蛾子的壞招，最怕胡攪蠻纏，走火入魔。

如果以愛之名，一年四季摘花後又採別的花、掐新的蕊，那到底誰該凋零誰該謝？萬一受迫不得不兩人三腳走一生，豈不是苦死別人也疼死自己？所以，愛，不是隨便弄一下就能全身而退的，愛，是要在一開始就懂得知所進退的。

不管你因何而來，不管你因何而去，愛情裡最壞的一件事就是：一個人因為另一個人的善良而騙的不費吹灰之力，如果手腳露出破綻，還是能繼續四兩撥千斤的江水悠悠，划舟逸行，那真的是武功高強，不是德行端莊。

得意在愛情江湖的紅男綠女，口哨照吹，情歌照唱，但是也要小心謹慎啊！只要走音一次，就易眾嗆惡評驚至倒嗓；加上一條線又一條線的牽連，最後就跌落藍色蜘蛛網無力立足了。

有一句風馬牛不及的形容，用在愛情關係裡滿適當的：好馬不吃回頭草。管你是胭脂馬還是戰馬，草原既過，莫戀綠野仙蹤，咬斷牙根也得做到不回頭就是不回頭。

有四個字，在任何狀況下都用之成理，就是：忠於自己。

不管愛你，還是不愛你，每個人都可以解釋：一切的發生是因為我選擇忠於自己。

忠於自己有什麼不對呢？

只是忠於自己也有很堅定的核心價值。我喜歡風流，我就總是風流；我喜歡堅貞，我就總是堅貞；我喜歡跟著公子走，我就不要肖想憨漢的心；我喜歡美女，我就不要故意挑動傻女的情……，忠於自己是誠實的，這個誠實不是看狀況做選擇，而是選擇了就會配合與調整狀況，不能一遇到對自己有利的狀況就改變主意，那不是忠於自己，那是頑強騙子。

不問你性別，只問你：你是別人的回頭草嗎？

「好馬不吃回頭草」的主角，本來是「馬」，但是，大家忘了真正令人擔心的是「草」啊！

當躂躂的馬蹄已成過客時，就讓牠隨風去吧。

想拴住不屬於你的心，就是綁死自己的身。

當對方決定忠於自己的離去時，你別～你別～你別再身不由己的千刀萬里追或自比燭淚滴滴墜。

新聞已蒐集很多精準的「臨床實驗」，大凡，在電視麥克風面前由配偶陪同深深一鞠躬道歉說：我對社會做了錯誤示範……在事過境遷後、在猛烈抨擊變為竊竊私語後，這些佳偶怨偶，還是比例較高的走上山水從此不相逢的結局，為什麼？因為當一方選擇有傷害性的忠於自己時，造成被動的一方，也逐漸看清該正視傷痕並忠於自己的生命價值。

這麼說來，情人和伴侶關係太像無期徒刑了，難道，不能變心嗎？不能追求自己的幸福感嗎？不能面對我們失去吸引力的事實嗎？不能為彼此留一條再接觸快樂的機會嗎？

都能，都能，任何一個理由都能坐下來好好談，就是不能因為「外面有人了」才促成這樣的談話，因為小的戰場不能用太大的槍砲，那會造成好人壞人都來不及逃走，最後，一個活口不留。

「外面有人」的人不一定是壞人，但這是壞行為壞事情，因為在制約關係中，對婚姻配偶忠實誠實還是最大公約數。

變心了，先去解決兩人關係，雖然戰火難免，尚有滅火可能，如果非要搞到涉及人等變多數或複數時才拆除藩籬，那原告打成被告也是咎由自取。

地表沒有最強小三小王，地表只有懂得鬆手繩索、不被食人魚拖進人生汪洋裡的，才能稱之為強，男女皆然。別讓愛情戲弄你。

人格是獨立品牌

老闆聲音大不是因為他擁有一個大公司，而是他在大公司裡擁有他自己。

每個人都是獨一無二的。

每個獨一無二的人，也自然且必然有著自己的特殊特質。

特質之於自己，形成的是個性。

特質之於別人，形成的是印象。

個性與印象的合而為一，就發展成一個人安身立命的姿勢、態度與價值，不管大小輕重，每一個人都經意或不經意建立了個人生命的獨立品牌。

我見識最豪氣的女性氣魄是聽她說：「與其嫁入豪門，不如讓自己成為豪門。」這就是把自己視為獨立品牌的基本精神，這話，沒有女性的自大，只有女性的自信，是誑語？不，是胸懷格局。

每次看到敬業又專業的人才，我都滿心欽佩；深信他們的一動一靜，不會受職銜亮度左右，他們也許會懷才不遇或運勢顛簸，但是他們至少對自己有用不完的自勵能量。

自勵能量是鼓舞內在潛能的想望，當然有別於「自我感覺良好」的詼諧。

近日遊歐，綜觀好幾世紀的建築作品，沒有一個大師是為追求名望而戮力創作，他們都是在執著的毅力中開鑿打造信念的礦脈。

聳立的巍巍巨石，就算抹去博大精深的內涵，擇掉讚譽追封的金粉，其古老故事無一不在告訴我們一個迷人的真相：不管他們受到多少挫折的干擾，他們就是要用生命完成嚮往。

完成嚮往是讓自己專心專情的魔術。

百年前，千年前，雕塑家、畫家、音樂家、舞蹈家、文學家，每一個藝術家的名字就是一個獨立品牌，不僅讓自己的名字千秋傳頌，而且巨細之中都透露著可為辨認的自我風格。

一如往常，人，才是最惹凝神的風景。

基因讓歐洲人享有得天獨厚的美麗俊俏，不過兩相較之，我個人覺得單就容貌和身材來品味，男性是比女性更奪人目光。

漂亮和內涵並不會畫等號。在船上用餐時，尤其感受深刻。一旦群聚餐飲，更容易看出掠食本性。在郵輪上千人同食的時候，幾乎每一餐都不斷看到堆積如山的餐盤食物棄於垃圾桶，眼大肚子小的食物佔有慾，在黑、白、黃人種上是無分軒輊的。

我很喜歡領隊廖小姐，她說話清晰柔軟，不但幽默風趣，而且知識淵博，有一肚子歐洲文史的知識和一個奇特的歡喜心，從來不曾拿著手機朗讀資料，不亢不卑又充滿耐心，她經常說：「已經出門，就要快快樂樂，有什麼問題丟給我，讓我煩惱就好了。」她的專業介紹口若懸河，講完什麼都會以自己的哈哈笑聲做結尾，很搞笑，很吸引我。

整個歐洲行，只要放我們自由活動時，她就會在她特別讚美的小店中，叫一杯講究的咖啡或蛋糕，在獨自一人的時光中很享受的等待著我們。

我衷心認為，好的領隊真的比好的旅行社重要，因為在現場靠語言、關係、經驗解決問題與製造歡樂的，唯近在身邊的領隊。

喜歡旅行的人懂得在揪團時指定領隊，就是信任一個人所建立的品牌信譽。人，是組織架構裡極端重要的環節，組織品牌可以有繼承人，個人品牌卻是如影隨形，所以，不同行業別裡，會有不同等級的專業，專業部落裡，又會有不同規格的排行。

年歲增長就會清楚，擁有一個好的理財保險專員可能比投保知名公司更具安全性。

久了就明白，老闆聲音大不是因為他擁有一個大公司，而是他在大公司裡擁有他自己。

為了保障企業，公司和個人有時會簽訂保密條款，有時會與離職人員簽訂旋轉門協議，這些通例與特例都在說明一件事：人，是有獨立價值的品牌，雖然人怕企業倒，企業也怕人才跑。

但是大凡我們，不要太嚴肅去看待這樣的追求，也無須當真陷入獨立品牌的訴求，只要做事有志氣，做人有骨氣，長此以往，累積的印象與評價，就是自己之為自己的品牌路徑。

獨立品牌的指標不只限名人，不只限層次，高手在民間，名師藏陋巷，功夫好的民俗療法師傅們難道不是獨立品牌？家庭縫紉、皮鞋修補、古早糕點，哪個不是小招牌展大技藝？

新世紀，成名快，毀譽也快；人，不止是被別人排山倒海的干擾著，人，更被自己氾濫的情緒干擾著。

不要急，凡事皆可學習，也要相信，所有的學習都是有用的。

學習程度一旦到內化程度，將形成自己的模樣。

如果不喜歡自己的品牌形象，沒有關係，你可以轉向，你可以重塑，更可以徹底裝修內部煥然一新。

有一個行業叫獵人頭公司，「獵人頭」望文生義，主要業務就是為大企業發掘個人品牌；你的學歷、經歷、資歷都將用來參考評鑑，真正的標的物——「你」，應有的價值、價格、價位、影響力，就是最大籌碼。

做好自己，讓自己成為一個品牌，即使沒有世俗名牌加持，你還是有自己的價值。

認清自己的性別

生命裡的任何刁難，都只是野蠻遊戲而已，所有的追趕都是訓練反攻的演習。

生命的容貌性別是父母給的。

生命的樣貌性向卻可以是自己選的。

醫學科技已讓我們擁有性別自主權，每個人都有權利為自己想要的人生定位。然而，這些權利需要極大的能力去定型。

中國大陸的金星，是神奇性的典型人物，她從普世光環的否定到認定，歷經許許多多霸凌和毀滅，但是在痛苦的過程裡，她沒有動搖過：自己的「性別修正」是正確與必須的。

掌握女性生活後，現在不再沒有人討論她的「雙身」背景，只對她的風趣幽默、學識豐富充滿讚嘆。

美好的人生很可能是命運的厚愛，但是如果命運沒有厚愛我們，我們至少可以用所有的潛能來主宰自己、討好自己、創造自己、完備自己。

金星曾經娶過妻。

金星現在是人妻。

不能逆轉染色體的約束，卻堅持用同一個身體改變性別上的兩極選項，她的傳奇，不是佐證醫學的成功，而是宣告一個自在、自信、自勵、能對自己負責的人所可能產生的力量。

生命破碎的案例不是只有一種，但是破碎後的重整，無一不是開始在自救的起心動念後。

世上窮人多？世上苦人更多！

窮是具體狀態，苦是心理狀態。

但是，窮未必苦，苦未必窮。

認識自己是窮是苦，就能找到支撐的方式。

除了死亡與病體上難以克服的劇烈疼痛，生命裡的任何刁難，都只是野蠻遊戲而已，所有的追趕都是訓練反攻的演習，如果跌跤倒下，姑且當作是藉機匍匐喘息，萬一實在爬不起來，無須鬥狠鬥氣，停、等、看，千萬別「嚥不下那口氣」，嚥不下那口氣只不過是輸掉元氣的血氣方剛罷了。

金星躺在手術房裡用生命去換取她想要贏得的未來。

你可以說她運氣好，贏到她要的，但是故事並沒有結束，每天都有「金星從前是……」新的篇章起頭，她會懊惱、她會憤怒、她也會失控的反唇相譏，但是她沒有痛不欲生，因為這一切的發生本來就在她的預料中，她不但沒有迴避，她還迎上前去，她不掩飾她的理解：「人，有的時候是很殘酷的。」只是她不讓加害人得逞，一如她自己絕不畏縮的充滿堅定。

在二十年的奮鬥裡，私人故事並不是金星走紅的原因，金星走紅是因為她的現代舞有國際地位、她在中國大陸的節目中以評審犀利的語言風格著稱、她在youtube任何類型新聞中都被連結個人影音……，她已經是獨立完整的老師、舞者、人妻、人母。

該悲情的時候並不悲情，該傷心的時候並不傷心，長此以往的金星，才會有現在這樣的金星風貌。

別人的故事是我們的生活教材，沒有誰的光鮮亮麗是唾手可得，聚光燈的背面難免會有陰暗的蒼涼。

別人的經歷是我們的課外讀物，要讀懂：跌跌撞撞的傷口，並不是只有自己的最深最疼最難痊癒。

真人實事改編的電影「丹麥男孩」，讓人看到很多扭轉性別的劇痛，而金星是成功的丹麥男孩，她勇敢，她燦爛，她甚至有把握會實現成為現在這樣的自己，在過程裡她的遭遇是尋常也是不尋常，她一向明白：沒有人因為我的背景而特別讓過我，我也沒有因為任何的宿命之罪怨天尤人過，我知道我得靠自己掙得所有的公平對待。

她最精闢的論點是：不必滿街喊冤自己沒有話語權，只要吸收飽滿的不倒實力，別人就會把麥克風遞到你面前。

這個違抗天命的女人，像是身兼捕手、投手、打擊手的全方位球星，話題如球，飛來就有對應，飛去就有曲線，不漏接、不暴投。完全不需要對手做球就能展藝博彩。

她本來是一頁一頁裝訂的講義，但是隨著歲月累積，她已是一本有厚度的傳奇大書。

不要歇斯底里跟別人爭取你想要的待遇，要順從自己的夢想，壯大存活與實踐的條件。在三十六歲以前，金星給自己的定義就是隱忍，因為沒有能力證明自己，就沒有資格放大自己，等有一天積累夠了，發現排擠與緋聞都打而不痛、痛而不倒的時候，她就相信自己夠強大了。

她不是喜歡女人的男人，她也不是喜歡男人的男人，金星毫不懷疑也清晰表達：我是喜歡男人的女人。

誰都可以做女人，女人想做誰也都可以，但是改變生理零件的前後，妳必須懂得：妳有儲備足夠的支撐力來延續妳的逆轉勝嗎？

因為忠實才背叛

八卦風氣顛覆質報概念，在新聞取向與受青睞的新標準中，有的工作者覺得無地自容，有的工作者嗜血性得到滿足。

在學校裡，如果你始終不知道自己會選擇什麼行業，那你如何準備未來求職時的自我介紹？

為了可能會選擇新聞行業，在學校的幾年，我的時間不是用來念書用功，就是用在辦雜誌、寫文章。

當時報紙的分類廣告上，常常有徵稿的出版社、通訊社，出版社要的是小說，通訊社要的是新聞，我兩樣都捨不得放棄。

為出版社寫小說，不管多少，總是可以拿到一些稿費。

為通訊社採訪新聞，沒稿費、沒餐費，連一張名片都沒有，好在那時我有在做一個電台節目，小小知名度還算讓我兜得轉。

沒有酬勞的跑新聞寫新聞，並不會讓我有絲毫吃虧的感覺，我很感激有這麼一個讓我自生自滅的「交稿地方」，我沒有得到實習領導，也沒有見習機會，好像連個學徒都稱不上，就靠自己的興趣推動摸索著到處鑽。

我累積了很多發表的文章，機會終於來了，有一份正式周刊問世，我帶著作品去應試，老闆翻了十幾分鐘，抬頭的第一句話是：「妳幾號可以來上班？」

天下沒有白吃的午餐。

天下也沒有白做的工。

隨後，一份號稱「家庭第二份報紙」的民生報創刊了。那是一九七八年二月十八號。憑周刊曾指派訪問並為我出版過鳳飛飛、甄妮、張小燕、劉文正、陳莎莉等連載或別冊，我順利進了報社。

二秦二林瘋迷全球華人的時代，東南亞國家的影展，無不以台灣巨星們為焦點。

一九八〇年隨著中影組團到新加坡參加亞太影展，新加坡的粉絲面對林青霞只有瘋狂二字可言。

兩日之後，在新加坡影展期間發生重大事故。

晚宴時，林青霞沒出席，結果是因安眠藥性未退，在房裡昏睡不醒，在這影展隨團採訪的唯二記者是我與中國時報的宇業熒大哥，我倆擠進青霞的房間，看到第一小生秦漢聲聲焦慮的輕喚：青霞青霞……。

我和宇大哥竟然……，真的是「竟然」，我們沒有留守一旁，默默退出房間，默默站在走道上無語……，後來，宇大哥先開口：「就咱倆，這新聞別發了吧？免得真的弄出事情。」

我們是唯二的現場記者，我們不但沒有發新聞，也沒有向報社回報新聞。

次日，台灣報紙全部大幅刊登新加坡林青霞新聞……，派任記者出訪的中國時報、民生報卻隻字未見，我倆，傻眼！完全沒有警覺影展團裡會有團員爆料。

最不可思議的是這次的「漏新聞」，我們都沒有受到報社的懲戒與壓力，可以想見當時的媒體、傳播業、報人，對自律的規範具備多大的認同與支持。

我們愧對報社，有關此一事件的後續報導，力圖將功折罪，在隨之而來的幾天，新聞訊頭不但冠以「新加坡傳真報導」，而且全文沒有出現一次「聽說」、「據聞」這樣的漂浮字眼，得到讀者更多的信賴。

在「新聞」上我們失責了，但在「報導」上，我們保留了忠實與誠實的完整性。

別問我再重來一次會是怎樣的選擇，我的答案無法用是非圈叉來決定，因為這只能以申論的方式陳述：我深深慶幸我有過這樣「放掉新聞」的非專業行為，即便這可能是錯的。

我也因此深深同情後來的世風與競爭，讓新聞工作變得如此嗜血，甚至把「寧可錯殺，絕不錯放」當作不得不的輕率之權。

文藝片當道的時候，男主角與女主角天天相見，再加上場場戲都柔情相望，入戲就會動情在所難免，至於殺青後能不能順利出戲回魂，就各有功力了。

那時，沒有「緋聞」這樣鮮紅又有貶抑意味的字詞，讀者也好，記者也罷，聽寫與閱讀之間，屬於愛情的美好是被相信的，沒有人為了知名度捏造關係，也沒有人會隔空放話。銀幕上的愛情很美，銀幕下的情愛也不會亂糟糟。

八卦風氣顛覆質報概念，在新聞取向與受青睞的新標準中，有的工作者覺得無地自容，有的工作者嗜血性得到滿足，良禽無樹可棲，從網路報、捷運贈閱報、自媒體、網紅、網軍……一路開發的結果，操縱媒體的人，終於被媒體操控到上癮成性的性格，所有的選擇，唯點閱率是問。

最興而不衰的戲碼是年年發生好幾起藝人深深一鞠躬，向社會大眾道歉做了對不起妻子的不良示範，閱聽大眾遭受視聽虐待之餘，不但不逃離，反而被訓練出迄而不捨的追劇精神，這樣的錯亂哪裡是影劇新聞使然？這樣的錯亂的是社會價值崩盤，媒體都在為讀者的點閱率瀏覽量服務，誰的錯？

新聞工作榮耀過我，我也以曾為其中一分子而繼續自重。

出了學校，到了社會，我們的選擇往往來自我們受過的教育，捨棄報導就是背叛工作，但是，當我想到我可以守住好的、對的價值觀時，我原諒了自己。

不能得分要認輸

對自己誠實，自然能看到自己的不足，得不到的，不強求，做不好的，不吹牛，每一次的失敗，就是一篇教育守則。

知彼知己，百戰百勝？

知彼知己，確實重要，不過我對這四個字另有註解。

知彼，為的是溝通，為的是獻上自己關切的誠意與情感，建立一個更友善的雙向關係。

知己，為的是認清自己的擅長與不足，明白何時該看重自己，何時又該看輕自己，在翻轉與另闢生路之中選擇適合的路徑。

爸爸的字體書法漂亮，文采敘事有暖男風格，因為爸爸，我自幼的嗜好就是閱讀與書寫。

書寫，是一種喜歡寫字的習慣，並不意味就是很會寫作。

寫作要的是邏輯觀點，要的是創意聯想，要的是語彙魅力，要的是表達能力，要的是打動一個陌生人願意來跟你心靈對話……。

從書寫到寫書，是我生命裡最滿足的一個獎賞。

寫作是扎扎實實的木匠造屋，當然，隨著人文的進步，木匠造屋的精密工法，因應演繹出現建築師、設計師、景觀師、室內美學師的專業位階，這就像寫作本身也有各師各派的類型。

學養與個性，是寫作被訂定類型的初始化。

我的寫作力氣，有好幾次是徒勞無功的。

我喜歡寫詩，詩體與歌詞的模式或內涵很像，讓我誤以為這是很容易轉換的文法。

我剛開始寫歌詞，就入圍第二屆金曲獎最佳作詞人，沒得獎的結果並沒有讓我失落或挫折，因為對當時的我而言，一、不愁柴米油鹽醬醋茶，二、不憂房貸車貸破口袋，自由的生活讓我有權利把快樂訂定為寫作的唯一訴求。

接著幾年，我寫了五六十首歌詞，結果都沒有顯著的成績。我這才開始看懂自己的不足，也不遮掩的笑話自己：「寫這麼多歌都不紅，還真是不容易的好本事。」

流行音樂的生態大致是這樣的：先有曲再有詞；所以歌詞要的不只是創作內容，歌詞還必須具備搭配音樂、渲染音樂、哄抬音樂的重大提領功能。所以好的作詞人，不是「寫詞」，是根據音樂的曲風、韻腳、行銷策略進行「填詞」，音樂定位優先於詞意之前，在這樣的因果順序下，就很容易明白：古典詩現代詩的優美作品雖然繁如天上星星，當真能譜曲傳唱的卻並不多。

詞，是用來看的。

歌，是用來唱的。

寫短詩、寫歌詞是所有寫作裡面最便捷的文字工作，因為精簡的字數是這項作品的特色，所以不分場地，不分時間，不分心情，不分工具、不分日出月落也不分光線明暗，只要「感覺到了」，隨時可以操筆而記，也隨時可以完成飽滿的一段故事、一場情節、一個想像。

在填詞上，我欠缺最需要的功力——我的音感不好。

音感不好，填詞自然力有不逮，這就如同協調性不好的人一旦隨著音樂起舞，明明知道節拍落點所在，卻始終同手同腳舞步彆扭。

在確定自己的不足後，我開除了自己，也就是在面對可以賺錢、可以營生、可以討自己歡欣的邀詞美意，我絲毫不戀棧的開始委婉拒絕。

我務實不投機，「祖師爺賞飯吃」這句話本來用於梨園弟子，但是走著走著我相信各行各業都是「老天爺賞飯吃」的因緣，凡事熱愛不足，一定先要有符合職業別的基礎天賦，而後的努力才可能電光石火。

有了領悟後，即便依然熱愛寫詩寫詞，可是知道「填詞」才是奔上擂台的第一式功夫，我就不再為難自己，內心的聲音簡單明瞭：「沒有必備的生存能力，就不要跟自己的無能為力纏鬥。」

所謂看到不足的自知之明，就是在自己不擅長的事情上停損光陰的飛逝，與其耗時費力，不如另開門窗立地攀天，這不是放棄，這只是改弦易轍把自己擺在更有開通可能的航線上。

因為從事新聞編務有成，很多音樂老師要買我的「歌名」，很多資深編劇或製作人要買我的「對白」，我漸漸明白，除了一點點的天賦，新聞本職訓練已讓我能在最短的文字中，陳述最精確的主題，而且往往「命中靶心」，這就是大家對我會有「極短篇」需要的關鍵，不幸的是這樣的讚揚賞識，形成我錯估自己的迷醉。

知友梁弘志說過：「妳時時都有佳句，但好歌詞是組合佳句為佳篇。」這一句話讓我感謝一輩子，也提醒我時時鑑定自己在長短文上的能耐。

後來，我又從事了一次與文字相關的工作——寫劇本，這次敗下陣來更快更徹底；因為我很會「寫」故事，但我不會「編」故事。

每次，我出故事大綱，買家都覺得很厲害，但是一旦成為劇本，他們認為敘述故事有太多的因為所以、經營事件有太多的合情合理、人物的關係有太多的娓娓道來，這前後差異評價，又讓我懂得：我可以把每一個字串連的很有吸引力，但是這些字是屬於平面的、穩定的、閱讀的，而戲劇是立體的創作，任何文字的精準運用完全不敵故事的情節玩弄。

「沒有天分」這四個字的自我評鑑，讓我毫不猶豫就放下想成為出色編劇的宏願。

認輸，是我性格中很真實的一面，因為我對自己誠實，自然能看到自己的不足，得不到的，不強求，做不好的，不吹牛，每一次的失敗，就是一篇教育守則。

我是自己的教練，教練就是要看出一個選手有沒有得分的能力，我站在自己對面，不斷訓練輸贏都要誠實。

女人獨舞又何妨

「咱們是閣樓裡的小花，陽光不來，也要訓練能對自己燦爛。」這就是單身女子該有的好姿態、好心態。

拿著畢業文憑很容易找到可以償願的工作，很快樂。

但是讀書不是找個好婆家、好夫家、好婚姻的好條件。

學歷太好資歷太好的女性，在愛情婚姻面前很容易成為束之高閣的觀賞品，這可能是男性天生對青春貌美有服從迷戀的心甘情願所致。

如果單身是一種必須、如果單身是一種選擇、如果單身是一種被迫、如果單身是一種宿命，如果單身是一種錯過，那，事已致此，何不深信不疑：妳的單身就是最好的自由與釋放。

女人獨舞，不是悲劇。

只是，有些人單身過的不好，有些人單身過得愜意。

參考一下別人的故事，看看一個好心念是不是就能帶來一個新天空。

她有點歲數了，風姿綽約，名氣未衰。

有條件的女人，對男人總是有些非理性的挑剔，但是對自己當然還是會有無盡的憐香惜玉，於是難免的，她說：「有時孤單的想哭。」

後來，她找到不哭的方式，醫治及排除了自己的孤單感。

她有個聘僱幾十年的女管家，因為彼此熟悉與信任，難免，做為主人的她也常常有「吃鱉」的時候，吵起架來，管家絲毫不讓步。

她很氣，很想重新培養一個新管家，但是她還真不敢，因為把家交給一個新人實在是很大的挑戰。

她愛旅行，進機場上飛機，下飛機出機場，感傷日增：「沒有人期待妳回不回家，那個感覺實在寂寞又孤單，連打電話給誰都不知道。」

有一天她興沖沖的告訴我，她找到解方。

她把自己從一個美麗女主人角色轉換成霸道大丈夫：「我換個想法，假裝我每個月給她的薪水，就是我給她的家用，我出門她不過問，我帶朋友回家她也不囉嗦的做好一桌菜飯，像透了大老婆角色，所以她再發瘋找碴頂嘴，我讓著她也就沒事了。從此我出入機場，都會習慣打個電話報告阿嫂『我到了』，製造自己是有人關心的想像。」

美女新思維，笑遍朋友圈，大家佩服她的「變心之道」。

不曾結婚的單身，過了一個年齡界限，通常就不會有「一加一」或「二合一」的念頭了。

單身有什麼不好？就算沒受到良緣婚姻滋潤，相對的，也不會受到折磨，加上沒生養孩子、不需要家務操煩，既不會缺鈣骨質疏鬆，也始終體態盈盈不容易脫型走樣。

我那快六十歲的女朋友，從沒有經過任何醫美的修飾，看起來卻四十出頭的樣子，而且呀！還有一點「嫩氣質」，這是媽媽級美女再加強保養也不會有的特別味道。

她不烹飪，但喜歡做西式糕點，買了很多專業書和烘焙工具，設定這就是她未來的生活重心，有個好念頭讓她一直保持穩定的情緒。

另一個不婚的案例，在高齡媽媽過世後，她等自己的憂傷平復，並適應回到家必須面對一室空蕩蕩，就辦了退休。

她生活簡單，健康無虞，儲蓄水位量入為出，日子過的春光明媚鳥語花香。

單身的餐食說方便是方便，但有時也會覺得獨食無趣，所以乾脆不把時間花在備餐上。

她說：「一餐煮幾個水餃，菜、肉、澱粉全有了，又不油，挺健康的。」現在更省事：「煮水餃要燒水、吃完餃子又得洗鍋子，麻煩，乾脆改吃包子，丟到電鍋裡，連洗筷子都省了。」

我身邊有個最優秀的金融會計師，她的工作是帶著筆電到全世界公司查帳，人漂亮、收入高，而且還孝順的讓爸媽心疼，多少好人家跟爸媽提親。

她順應爸媽相親了幾次，爸媽總是說：「人家條件這麼好，有專業、會賺錢、長的體面、家世好，妳到底在挑什麼呀？」她說的實在：「他有的我都有，那我靠自己不就夠了？」這樣的新女性，說的也很實在啊！她完全不需要有個人來互補不足。

還有幾個漂亮女友，在家，廳堂窗明几淨，廚房煙油不沾，個人條件：有容貌有見識，撒嬌時不會無理取鬧，帶出門也風采逼人，但是她們只能消遣自己：「咱們是閣樓裡的小花，陽光不來，也要訓練能對自己燦爛。」這就是單身女子該有的好姿態、好心態。

有婚姻紀錄的人，如果曾經恩愛或曾經美好，是很可能嚮往再次的婚姻，但是不曾歷經婚姻或歷經過奪魂婚姻的人，對婚姻的感覺可能就平淡甚或反感。

婚姻裡兩人世界的確有獨到的好，但是，如果沒有好的感情品質，以我也曾單獨生活十餘年的經驗，我誠實的想讓妳知道，天下女子不論老少，單身何妨？因為獨舞亦美！弄個會踩腳的舞伴，真的還不如一個人坐在公園享受人來人往的悠閒。

Chapter 2

翻雲覆雨
辨情商

不要纏鬥謊言家

在婚姻中說謊的人也許偶有不得已，但是這些不得已，多半伴隨著故作情義與等待利益。

新潮時代，我已不敢主張婚姻的保守倫理，不管是法律上的婚姻，還是情感上的婚姻，婚姻形式已經越來越自由。

只要願意，我們可以彼此套上婚戒公開完成共組家庭承諾。

只要同意，我們同屋而居同床而眠的關係，就是朋友家人可以接受的公婆稱謂。

只要誠意，我們選單不選雙的以情侶方式過著走婚日子，別人也不會多話批評。

反正，怎樣幸福怎樣做，已經是世界人類的通則，而且我們或可確定：幸福和快樂從來不會成為老套過時的人生方向，只是定義的內容再也不會重複戲劇化的癡情。

在我成熟之前，我已經屬於勸離不勸和的惡人角色。我會這樣「惡」的意思很簡單：人的生命只有一次，不要因為走錯一步棋，打錯一副牌，就再也不能回頭是岸，那不單單是一個人的生命進入全程還債，往往還牽拖兩個人都苦海無邊，同判無期徒刑。

對於娶嫁關係，也許曾經說過的海誓山盟厚厚成疊像一套長壽劇劇本，但是不管峰迴路轉還是平地一聲雷，一旦有人「亂演」、「亂掰」、「亂套」，照著劇本走的那個，就算被轟到腦鳴、痛到撕心，也，別纏鬥，別求情。

男人或女人請都不要在自己生命與愛情裡演苦情戲，因為你最需要的搭檔，一旦心有他念，這時的他，那怕善名揚外，對你，卻可能最心狠手辣，你要應對的是如何讓自己全身而退，千萬別寄望回心轉意，良心，取之於義，無情了，只能亡羊補牢，不要做個含淚的待宰羔羊。

婚姻中什麼最可怕？謊言最可怕！這裡的謊言當然已經撇除「善意的謊言」。

為什麼會有謊言？為什麼不敢誠實？因為謊言是非常有目的性的兵法策略與陰謀。

你（妳）的伴侶單純的不再愛你了。

你（妳）的伴侶移情別戀了。

你（妳）剛開始的反應好像都是在為即將失去的愛抓狂，但是回過頭再想想，你（妳）最大的憤怒，其實只是憎恨嫌惡對方運用謊言，以致讓你對自己的人生有錯誤的期待、錯誤的評估與錯誤的規劃。

在婚姻中說謊的人也許偶有不得已，但是這些不得已，多半伴隨著故作情義與等待利益。

1. 他（她）說謊，因為他還有一點人性仁心。
連遲緩的寶寶、失智的老人都懂得：依賴忠實的感情就等於擁有不會搖擺的安全，那，有點人性的，不可能不明白：任何理由的背叛都是天崩地裂的傷害吧？

不想傷害對方，是短暫的善念，有時也是維護自己形象的障眼法，因為善念當真穩當植心，很多事根本就不會發生了。

2. 想脫離卻不脫離的一方，有時只是為了自己的社會名聲，回到屋裡，他絲毫不在乎對方的感受，但是走到外面，他絕不讓狼心狗肺、無情無義的評論傷害到自己。

如果可以做到不離不棄的假情義，何不回家之後做一些改善關係的努力？反正都在演戲，找個正派角色勵志題材來演，不好嗎？如果實在演不下去，乾脆就別說謊話吧！

3. 他（她）說謊，是為了爭取空間時間，鞏固自己的實力籌碼，這樣，一旦脫離羽翼，不會被對方輕易撂倒，自己也不致瞬間潦倒。因為會說謊的人也會衡量自己有沒有自立自強的能力。

誰強誰弱的決戰點，並不完全是多金為大，而是能做出甩人動作的一方真的不再有放不下的牽掛。有時，我把狠到底看成一種善良，這樣何嘗不是救了對方，讓發夢的人在劇痛中徹底清醒。

4. 兩人世界裡的謊話，有點像商場上的爾虞我詐，有時是為了避免損失，有時是為了多賺一點。

供需關係會左右選擇的判定，社會地位、經濟規格、事業動盪、情緒威脅、人際受創……。分手、拆夥、離開，會造成多大的虧損？即便是情人夫妻也會衡量自己和配偶的利益分配。

真人實事：多金火爆浪子，早有自己隱藏版浪漫故事，有一天卻會同警察抓到髮妻婚外情實證，打開門的霎那，他沒有生氣，反而是笑容可掬的對驚慌二人說：Marry Chrismas。

由是，順利離婚，早有小三的人借小王的跑龍套登場，省了一筆相當龐大金額的贍養費。

謊言，也是為了等待，等待對方犯錯，等待抓到小辮子，等到恰當的時機，先背信的人不但可以全身而退，而且還很有權利無義開鍘。

是非，誰說了算？法律說了算。

婚姻裡的驚滔駭浪隨時捲走人的幸福，善良保護不了，忠誠保護不了，法律也保護不了；但是法律有懲戒條款，包括金錢的賠償、財產的分配裁奪、子女監護權的歸屬……，其實這都是對痛苦重傷者的補償性安慰，可能日後要花很多錢很多時間去接受心理諮商的輔導。

情，若能隨心、隨興、隨行、隨性、隨時、隨地，想來煞是過癮人生，但，如果亂成一團，重疊對象太多，在文明世界裡開放蠻荒樂園，這真是人類會喜歡的局面嗎？早知如此，那又何須演進？

管不了新潮風，就只好跟周邊的孩子說文明禮。

喜歡正規家庭結構的人應該還是高比例吧！

男生女生，戒子一套，天地一拜，在孩子還沒來加入家庭之前，自己就該開始學習長大了，大到可以做一家之主，大到可以協助原生家庭和新生家庭和諧溝通，大到可以有創造幸福的能力。

漢子，要有霸氣的溫柔與溫柔的霸氣。

女子，要懂持家的技法並技法的持家。

有一天我的親愛姪子 Allen 與 Karen 小夫妻來家裡坐坐。兩人本意大概是擊鼓申冤告告狀，但慶幸後來是開開心心回家。

當他們把不舒服的感覺說出來時，縱然是指責對方、縱然是辯解誤會，臉上始終帶著微笑，我說：「你們在同一件事上說的是兩個完全相反的面向，但是，我相信你們說的都是真話，唯一一點，你們在家時，絕對不是現在的表情、現在的腔調、現在的耐心。所以所有的溝通，到最後就演變成宣戰。」

小夫妻承認他們總是從小問題跨進大陷阱，其實，我們大人的溝通又何嘗不是如此？

我跟 Allen 說：「老婆是用來疼的、老婆是用來讓的，家庭事務可分工，感情應對沒有男女平等這件事。對的錯的，你都要先低頭。」我再跟 Karen 說：「老公認錯，太太要抓住時機點見好就收，最聰明的還會適時鼓勵一下。」另外，因為他們不是真有大問題，所以我膽敢加了一句廢話：「少以為下個男人（或女人）會更好。」

我在二姪女 Irene 結婚前一天說祝福話：「從此他是妳生命裡最重要的人，先顧好彼此，行有餘力再照顧爸媽！」他們，十多年來一直很幸福，也很孝順。

現在的小家庭婚姻，男人不要做媽寶，女人不要做虎妻，夫妻之間請記得這四個字「兩情繾綣」，這會讓你們減少很多過不去的事。

註：文中多次用到「他（她）」，是想公平的說，會使壞的，不限男人，也有女人。

霸王花遇含羞草

女人的彈性真是沒有疲乏的弱點。

男人則在彈指之間，成為這個世代的弱勢族群。

在很多婚姻跟情愛關係裡面，自己和對面那個人，很可能都浸潤在一種詐騙術當中，這個詐騙的目的不完全是為了欺負對方，只是在認命又善良的前提下，雙雙願意以將就換取相安無事而已。

如果你非要搞毛他一下，他非要踩一腳你的紅線，一旦決絕，周圍人最大的詫異往往是同樣一句話：「啊？看不出來他是這樣的人呀？太糟糕了嘛！」

不是太糟糕，是太高招了！

人的劣根性本來就是人的本性，較為公平一點的是：如果這人非渣非痞，他的奇幻術通常遇強則強，遇弱則弱，比較不會蓄意吃人透透。

所以說，誰看不出誰真正的原貌是不必吃驚的，因為很可能很可能，我們也具備這樣的天賦生存幻術，風衣一甩，成了隱形人，衣服一脫，成了透明人，聲音一大，像朵霸王花，弱氣一笑，像枝含羞草……。

看來軟弱的人不盡然真的軟弱，就像含羞草一樣，四下無人時，它有著直挺挺的神氣；看來剛硬的人不一定剛硬，就像霸王花一樣，強敵淨空時，它也軟搭搭的無力迎風。

男人和女人，妻子和丈夫，如果感情夠好，真的不要懷疑，通常都是含羞草搭上霸王花的組合，不過，擬人化的草與花，在不同時節各有家庭角色扮演的優勢與權勢，所以妻必如花夫似草並非唯一模組，有時，害羞的是男人，霸氣的是女人。

大家都是因為個性不合才分手嗎？呵呵！那是標準官方答案，一旦是兩株含羞草兩枝霸王花同寢室，連去發覺發現神祕感的樂趣都被剝奪了，兩人相處怎麼會起勁？

以前我最氣人家叫我女強人了，感覺上，好像自己就是一個擺著臭臉的霸王花，因為「勇猛逼人」才以強人冠之，後來觸摸也自信我還是有著剛好的溫柔與體貼，加上又卸甲歸田脫離管理階層，整個人就更不在乎活在別人眼瞳裡的價值。

此外，女強人以前是專稱，現在是通稱，讓強者的強度軟化出新的視覺與感官印象，強人再也不是比氣場、比氣勢的外象，而是比氣質、比氣度的實作心靈態度。

講到實作，職場上的企業家，只要行有餘力成立公益機構，多半是由女性當家，夫人們的忠實可靠固然是掌舵的關鍵原因，但是如果這個夫人日常中只關心奢華時尚，她不但坐不穩公益大位，可能在社會與夫婿心目中都會淪落為一個積分不高的塑膠花。

夫人們都是天堂鳥、香水百合、鬱金香，我們還是來看尋常家庭的尋常配對吧！

我相信我所有朋友都堅持我是霸王花……，真的不是，那我是含羞草嗎？也不是，我是一個隨時會被對方一把提起，胡亂栽到某一個盆土裡的野花，也就是我在一個不懂花藝園丁的手中，如果我想生存，我就要適應任何時候濕度、溫度、水質、土質的環境。

多數男人只對自己喜歡的焦點事務關心，所以離開職場後，生活是一場默劇，溝通能力每下愈況。一直冠夫姓的妻子，這個時候是走到哪裡都得隨身攜帶日常稱為「把拔」的夫婿，因為這時的「把拔」，真的需要她以對待「爸爸」的方式照顧。

女人的彈性真是沒有疲乏的弱點。

男人則在彈指之間，成為這個世代的弱勢族群。

不是因為女總統、女總裁、女總編、女英雄、女機師、女醫生變多了，男人才顯弱，這是天生性向使然。男人是鐵釘，鎖定一個焦點很厲害，但女人是鐵皮，覆蓋面積可大可小，眼見所有行業裏面，男性被擠壓的空間起了變化，他們需要被保障名額的可能性不是不可能發生的。

自從太太生孩子，先生也跟著有陪產假之後，兩性平等，可能就在無意中引導世界朝不平衡秩序的新起點出發了。

老式婚姻的男女，分工有時、分類有時、分場有時。

上半場，那時，單薪養得起一個家庭，所以爸爸賺錢養家，媽媽操持顧家，孩子都是自己養大的。爸爸接手家族事業或自己開始創業，大多在孩子長大的同時，已經有了規模。

中場時，孩子展翅他飛，是媽媽最難受的空巢期，她有可能已經退步到乏善可陳，也可能積極趕上知識進度，恢復社交靈敏度，做個獨立自主又帶得出場的女性，能不能重新建立智慧型的神鵰俠女關係，靠的是男人的善良與女人的聰穎。

下半場時，夫妻二度恢復兩人世界，也是媽媽第二次操持顧家的開始，只是這次她只要顧好「孩子的爸」。

除了豪氣干雲酒國奇俠還繼續五湖四海拚酒品酒拚社交，多數退休男子都甘願成了含羞草，到哪兒都是太太的「眷屬」、賢妻的「附庸」，女人的霸氣不是用來氣勢凌人，是用來對丈夫做最好的照顧。

一次飯局裡，有個醉漢要灌酒，我家含羞草不依，淺酌一口，對方說：「你是不是男人啊！這杯乾了又怎樣？」我說：「他不是男人，他是小孬孬，我就是喜歡這種不亂喝酒的小孬孬……。」為男人擺惡，霸王花怕什麼？

男人少了官印、官銜、官階、官威，頓時都像含羞草，但跟著他們幾十年的糟糠，擁有什麼都沒有的他，卻自我提升成了京城裡最強大的霸王花，男人啊！越老越要巴著老妻別放手歐！

就算鐵哥兒們跟你有福同享，最後把屎把尿推輪椅的絕對不是他們。男人設計娶妻娶小，就是知道黃臉婆是自己最後的依靠，如果老了還想沾沾小甜心，那可要當心了，糖精就是妖精，甜完暱完錢完命也完，很公平啊！人家的青春憑什麼用來滿足你的虛榮心優越感或制衡對衰老的不安？

人生上半場，男人保護女人；人生下半場，女人保護男人；這好像已經是一種約定成俗的宿命關係。

你是誰？含羞草？霸王花？你在家是什麼姿態的花？

黃昏之戀美加美

年輕人戀愛的時候有多快樂，你的父母戀愛時就有一樣的快樂，你失戀時會有多大的傷心，你的父母失戀時也就有一樣的傷心

橘世代談戀愛？真的是最好的一帖養生處方；精彩。

銀髮族有伴侶？你儂我儂彼此兜在懷裡疼愛；福氣。

但是，通常，父母戀愛，子女阻礙，父母婚嫁，兒女火大；孩子，你為什麼不允許爸媽再愛一次？

曾經有婚姻紀錄而後男單女單的父母，面臨新的姻緣或情緣時，子女的反對票居然是中晚年情感歡愉的最大阻力。無怪乎黃昏之戀定義的黃金單身漢黃金單身女是：「他們沒有子女，兩個人只要搞定彼此，一起生活非常單純，不必顧東顧西。」

不管任何理由而產生的單親家庭，在承擔照顧幼兒幼女的一方，因為對孩

子的責任與至愛，的確願意犧牲自己的人生陪伴孩子長大，這一犧牲，往往就在精華歲月，隱藏忘卻自己身心需求長達幾十年。

年輕人戀愛的時候有多快樂，你的父母戀愛時就有一樣的快樂，你失戀時會有多大的傷心，你的父母失戀時也就有一樣的傷心；愛情是良藥還是毒藥？在年齡上不會有明顯的區分，所以子女們，你可以很容易體會爸媽在感情得失上的樂與痛。

當你們陸續開始工作、開始戀愛、開始卿卿我我、開始有了自己作主的家庭時，父母的祝福無不隨著各階段的變化，持續擔任不求回報的贊助者。

子女上班，孫輩上學，退休的爺奶精神好體力好，也沒真的老到只能坐在搖椅上發傻，終於開始有時間建立自己的生活圈與休閒樂。

經常爬山，遇到經驗豐富的山友，教你如何持用登山杖省力，又告訴你周邊花草樹木和海拔高度的關係……；喜歡看展，遇到聊得開心的知音，你分析觀感，他欣賞，他述說淵源，你覺得好佩服……；唱卡拉ＯＫ，逐漸由獨唱進入男女對唱，隨著歌詞的情境，兩人似乎喝了忘情水般非常入戲……；參加社群活動，那個很有見地的人總是柔情似水的看著你，而你們也感應為了看到對方從來不願缺席……；去上攝影課程，發現彼此對相機的偏好超過手機的影像，於是一起研究某個品牌的特色，談的眉飛色舞後才知道他個人的油畫作品很多，而你自己的水彩、素描也不是等閒……；因為愛烹飪就去考執照以備不時之需，這時在教室裡發現：兜著圍裙的男人都是暖男形象，套著圍裙的女人都符合賢慧標準……。

以上就是橘世代老派愛情的起點。

透過朋友一個拉一個，這些成群結隊的故事裡，慢慢從陌生人開始吹起粉紅泡泡……。

同樣是邂逅，年輕人具備製造巧遇的心機，但是不怎麼年輕又不麼年老的「個體戶」，舉止含蓄保守，總是需要一再累積勇氣才敢試探良機，所以二戀不易，二婚更難。

黃昏之戀絕少是誰煞到誰，而是深思熟慮戒慎恐懼，不貪嗜冒險，先在乎安全，正因為動心動情並不容易，一旦冒了愛苗，撤心撤情也就格外傷感；年紀使然，過了這一村，沒了下一店，珍惜的不只是戀人情懷，還有自己對人生重新註解的CP值。

總之，真心所屬的白髮之戀，經不得時間蹉跎。

孩子呱呱落地到長大成人，父母花的心血、金錢、感情……，是不需要孩子償還的，孩子的婚姻也會得到爸媽完整的祝福，甚至包括金援挹注。

但是有一天，你孤單的媽媽或爸爸帶著一個會讓他一臉燦笑的人出現時，你會笑不出來嗎？你會覺得怪怪的？你會強調你有我們幹嘛還要別人？你再三暗示自己不接受這樣的新情節？

父母是付出者，當有一天他們的重擔化整為零，他們就等於從下一代的責任裡付清贖款，既可以自由選擇生活方式，也可以選擇一起生活的對象。

幼年孩子不接受非血親家庭新成員，願意為孩子犧牲自己人生的父母的確偉大，可是成年人排斥父母再一次開展親密關係的權利，是不是全然的自私？

多數成年人，在接納非血親家庭成員的態度上，充滿保護主義。

保護主義說起來是保護父母，但是最大的難言之隱，有沒有可能是保護自己「分配權的自主」與「繼承權的完整」？

一旦戀情浮出水面，握有金權的富爸爸富媽媽，最讓孩子擔心，只是老太太老先生有金錢裁奪實力，孩子的所有憂慮不敢輕易白熱化；但暗中總是戮力防備「入侵者」、「掠奪者」、「空降部隊」、「外來政權」。

家庭原始成員可能會未雨綢繆假設：爸媽的同行伴侶是心有所圖的黑天使；爸媽的同行伴侶沒法證明：他們是生命終結前最能眷顧彼此的白天使……，這樣膠著的不信任感，對真心相守的橘世代白髮戀人，有時形成騷擾、遺憾，甚至被剝奪應有的快樂。

「爸媽的財產就該由子女繼承」是受法律保障的，遺產官司新聞常常把事件主配角描述的像生化人，修改程式、刪除感情，凸顯金錢對感情的左右力量是驚人的。

既然金錢不能完全根據情感做安頓，那為了舒適和諧，老來還想過清幽素雅卻又能天荒地老的感情生活，就好好面對世俗的破爛規矩來預作安排吧！

年輕遭騙色，是父母的擔心，年老遭騙財，是子女的擔心，要同時守住愛情、守住親情、守住家財，是不容易的事？

老了就得承認體力不足腦力不好，浮潛情海必須注意安全：

1. 不和年紀差距太大的對象扣上情鎖。

年輕時，女孩崇拜年長男的風度翩翩，小男人則仰慕熟女的風情，但是千萬別相信逆齡妖術，過了五十，年齡差距會擴大視覺與觸覺的違和感；有彌補條件，或許兩情相悅，欠缺彌補條件，難免雞飛狗跳。

2. 冒著失去的風險，也要把話講明白。

我對你好感十足，但是我不會因為任何理由幫你還債或周轉，你也可以如此待我。（當然你內心是有底線的，如果是在合情合理合法的難關裡，只要你信任他，你還是可以施援手的。）

3. 重新協議伴侶關係的責任義務。

髮蒼後的緣分離好，但沒有少年夫妻老來伴的革命情感，我們只能分擔盡責，包括：生活費攤提、健康照顧、共同基金的使用；經濟條件較好的一方，則可試著主動展示慷慨的、共享的、扶持的友善信任行為。

夠愛對方、夠滿意對方，不妨暗崁一筆生活費，千萬不要自己「一步登天」後，讓留下的那一個孤苦無依。

4. 不需要特殊保障的人不必登記眷屬。

為免家庭其他人等為了繼承權心生焦躁，中年二婚，當然可以張燈結綵分享喜氣，但未必要法定公認的登記立案，留個心照不宣的空隙，便於各自照顧自己的原生家庭，各自規劃財產的繼承，這或許是「外新人」易於立足與保持相融的最好選擇。

5. 子女應該友善對待父母的戀人。

他不是親爹，她不是親娘，但這個人的品質，好到可以讓你親爹或親娘笑口常開，那你就該孝敬對方。

因為有他，可以減少你日常陪伴的負擔。

因為有他，你爹娘最終的照顧不是你獨撐。

因為有他，你的責任少了，但權利的釋放卻相當有限。

更重要的，你在乎你爸媽的快樂嗎？你知道免除他們孤單感的意義嗎？

父母奉獻孩子一生，老了，需要一個老伴牽著手時，孩子忘了自己已經免費使用父母幾十年的金錢，怎麼好意思要求他們遠離感情孤老到盡頭？

我有朋友因為孩子不點頭認可，他們就是不敢愛下去，相見偷偷摸摸，有錢也無從享樂，看到他們的難過，我幾乎想直白：自己留下足夠的生活費，其他全捐到孤兒院，你們的子女就會把你們放生了。當然，這個賭注也有斷絕親人關係的風險……。

孩子怕別人覬覦父母的金錢，何不先問問自己，你沒有覬覦父母的金錢嗎？騙子壞人當然要掃地出門，但如果他們遇到的是好人，為什麼一定要徵求你的同意才能擁有自己的生活呢？

情書永遠都迷人

人的心裡話，為什麼越來越像不能說的祕密？

愛，教會我們很多事，我們為什麼會去做傷害愛的事？

你可曾寫過情書？

你已經荒廢情書？

你還保留著舊日情書？

你願意開始學寫或恢復再寫「情」書嗎？

不管情感飽滿還是情感受傷，哪個人心裡沒有一個想讓自己收發情書的對象呢？

電視劇裡有一種用ＯＳ表現情節的方式，就是劇中角色把說不出來的內心情感與複雜念頭，改用旁白的方式陳述。

生活裡，難道沒有很多無法直接說出口的ＯＳ在心裡迴盪嗎？

文字就是OS，就是心語，用來解讀與判讀生命裡每一階段的情懷，讓孤單得以理解，內疚得以化解，責備得以諒解，疼愛得以舒解，敵對得以和解。

文字心語往往像是自言自語，但其實這種種感念，必定有一個假設或具體的對象。

瀏覽任何網路平台，從不同類型的文章、留言裡，你或許看不到指名道姓，但是你很容易聯想某一位是可能的受詞人。

「冰冷」是世代進步的後遺症，很多寶物、機器、電腦、生化都長置低溫保養環境，而這個世界正是超大攝影棚，低溫冷氣愛護的對象是機器，結果，捲縮在角落配合的人類，在加強耐寒力的同時，哺乳動物獨有的溫暖竟意外被同化成零碎的冰雪，有時集結，有時散落，以致裝載在職場的時空裡，人的線條都會比較像硬體。

千古以來，格言、諺語、哲思、文學、藝術、史詩……都在歌頌愛是世界上最大的力量，可是愛仍有他獨特的矛盾對手，這些強大的對手雖不致讓愛成為輸家，卻讓愛像個語無倫次失去秩序的籠中鳥，沒有自由，沒有吟唱的愉悅，沒有比翼雙飛的幸福。

讀世界名著，閱古典小說，看民初軼事，所有所謂「偉大」的愛情，幾乎都可能經歷戰爭、淪落、衝突、死亡的洗禮，在艱苦、沉痛、深悲之餘，而後才「誕生」顛沛不破天涯無盡的生死相許。

現代的愛，有些太任性、有些太鬆軟。

許多公眾人物的愛情靠「放話」、「傳話」、「遞話」試水溫、探反應，這樣的迂迴繞路，不管無言或多言，都在不是故意卻容易的境況裡殺死愛苗。

人的心裡話，為什麼越來越像不能說的祕密？

人和人之間的羅生門故事，也天天網路上架，作品繁雜。

所有語言文字的愛意，在相許的時候，是焦糖瑪奇朵，口口甜蜜，一旦有了衝撞，這一切甜蜜文字語音就成了玻璃杯上指紋證據，不管是誰偷了誰的心，不管是誰傷了誰的心，要撕裂對方的心都是毫不手軟的。

愛，教會我們很多事，我們為什麼會去做傷害愛的事？

那時，還在求學，校園才子寒暑假回旗山，每天，早上一封限時專送，傍晚一封限時專送，字漂亮，文情好，每一句書寫甚至看得出屬於他的善良與敦厚。

幾箱幾百封的信，我留了好多年，以他後來在文壇的成就，這些私人信件等同一筆好財富的「有價證券」，但是，生命中曾存在的系列情書，是相信愛的人才能得到的最好禮物，對於一個追求我的人，他在我生命裡縱然不是真命天子的分量，但也有著無從評估的價值。

我猜想：寫情書再也不會重新流行了。

新世代一封情書像一張借條，而且是向地下錢莊借的高利貸，哪天持有者要收傘了、要劃清界線了，美麗關係的綿綿情話，可能就會另做解讀、另做翻譯，足夠讓一個好人懷疑自己與對方都人格分裂。

所以現在的愛情不牢靠，因為保留成了必須，而保留太多的愛，「戲說」的程度會箝制「實說」的誠懇。

愛的關係好不好，真的是兩個人的事，不需要代言人，更不需要出嘴說嘴的評論家。

一個很要好的朋友，跟我談到情書話題時，這樣寫著：「我是他永遠的第一，他口袋裡總是裝著讓我驚喜的東西，一顆小核桃果仁都讓我開心，他到天上之後，我明白，人間再也不會有愛情了。他給我的時間很短暫，他給我的想念是永恆。」

愛要保鮮，的確需要一而再的小驚喜，我活到這年紀非常非常肯定：「不花錢的事所帶來的喜樂，常是在記憶中留存最久的。」

簡訊、EMAIL 這樣的電子字，比得上紙張上的鉛筆字、鋼筆子、原子筆字、毛筆字嗎？

從自製賀年卡、耶誕卡，到商務卡，我們明白買來的應景卡是如此精美，可是他終於在科技中被淘汰了。

大家都認為是手機通訊與對話的方便造成郵寄信件的式微，我從沒這樣的認同，我始終認為「沒有溫度」是廢了節卡的主因，你會稀罕接到一封制式祝福文字的卡片嗎？落款如果不是直接印刷寄件人大名已經是非常不容易的誠意，表示當事人至少還願意持筆簽下名號，即便這名號龍飛鳳舞的程度讓人未必能辨識尊姓大名，可是我始終會認真端詳，絕不願辜負簽名所留下的溫度。

執手天長地久時，日夜戀戀喜相望。

他日海枯石爛時，須臾念念難相忘。

愛情神話的印記，要刻印在生前，而後才會常存於生後。

讓便條式的情詩成為天人合一的信物吧！

隨便一句話用文字表達時，就是會產生情書的況味！不信？那就試試你的情書能在你的世界攪動出什麼吧！

說到房事就起勁

婚姻的殺手向來不是因為外面吸引力太大；
往往是從彼此索然無味與怨氣沖天的寒冰中培養出來的。

你們年輕，你們結了婚。

如果關燈就寢前，他從來不跟妳玩，時間久了，妳按鈴申告，法院會還妳公道，立刻同意所請判決離婚，這就是說，在民法上，配偶的任一方對另一方表達有趣好玩的行動是應盡的責任與義務。

我寫的這一頁，不是民法章篇，所以要談的房事不是那檔事，但重要性也足夠影響婚姻的幸福。

性事也許會飲恨，房事卻是搞笑祕笈。

此處房事註解：在房裡進行有趣的事，謂之房事。所以這裡的房事不等於性事。

房事可彌補性事的低分，你說重要不重要？

夫妻關係過了一定年資，就算沒有「性事」，也不能沒有「房事」。讓「激情不再」進化到「柔情相待」，兩人之間才不會出現暮氣沉沉的乏味。

婚姻的殺手向來不是因為外面吸引力太大；會發生內在破裂或他人介入，往往是從彼此索然無味與怨氣沖天的寒冰中培養出來的。

東方人很習慣以親情覆蓋愛情，時間一久，自然而然剝奪愛情應該存在的正當理由與自在位置。

好萊塢知性女星黛安基頓、珍芳達、甘蒂絲柏根、潔西卡蘭芝都已年過七十好幾，仍時有熟女的愛情遭遇，戀愛的時候，十八歲跟八十歲的人，態度是一樣的迷醉。

東方女人千萬不要故步自封，認為自己在生完孩子做了母親之後，就沒有資格唯情是問。

人會老，激情會淡，如果愛情經過特別保養，可以有新的造型、新的面貌、新的溫度。

很多外遇事件裡，出軌人守口如瓶、封鎖風吹草動傷及眷屬、堅持不離棄婚姻……為什麼？他只是想追求愛情，在新的對象身上找回妳不再提供的激情。

這種自私鬼還有一點良心，最通俗的對白：「我不愛她了，跟她在一起不快樂，但她是我的家人，我不能不要她。」

處在這樣婚姻中的受叛者，妳願意對方已無愛意，卻以道義責任這套主述留在這個家嗎？當妳內心清楚明白他的愛情或愛意歸零，就算親情及格，只要住在同一屋簷下，這樣的同床同房或分床分房，不會有礙健康嗎？

我的論點不是在鼓勵不愛就掰掰。

婚姻終究開始在相愛至極，我想強調的是：在激情過後，「愛情」要有能力改造成一種「情愛」關係。

你們可以讓對方「因為有你」而經常大笑嗎？

「笑素」是會上癮的快樂丸，始終能讓你開懷大笑的人，注定是你一輩子不會不愛的人。

婚姻維持到老，靠的是頻繁的房事，諸如：

1. 床上故事，早晚一次。

早上起床之前，晚上上床之後，如果你們在床上，能很自然的用任何話題愉悅交談十五分鐘，相信你們感情必然如膠似漆。

不要用關手機作為晚上的熄燈號。

所有感情的冷卻，總是開始在越來越少語言溝通，繼而彼此眼神都很少接觸，到了最後不但沒有對談，連怎麼起話題與怎麼回問題，都顯得力不從心，困難重重。

2. 簡訊傳情，繼續偷心。

寫字、丟圖、唱歌，不需要深情款款，越無厘頭越好，所有重點只有兩個，第一，讓對方感覺到你隨時念著他，第二，你總是能逗他開心。

老夫老妻必須把彼此當最重要的伴侶；誰的表現太差，在這個有錢有閒的年齡，老巢很容易就被別的喜鵲佔領啦！

3. 同玩桌遊，狂笑解憂。

拼圖、跳棋、大富翁、拉密數字牌、磁卡書組詩詞、跳棋、象棋……這不是失智老人的復健療程，這是返老還童的撿樂時光，你會發現自己笑聲真悅耳。

如果喜歡琴棋書畫，盡量上課進修，如果喜歡運動烹飪，盡量發揮長才，但是在加強修養種種學科術科的學識知識、享受掌聲讚嘆之餘，你願意讓自己再一次像個孩子嗎？

4. 相互美容，讓愛飄動。

男人一向不懂皮膚老化腳底脫皮這些「噁心事」，太太要用妙鼻貼幫他拔黑頭粉刺，用銼刀修他的腳跟白繭。

男人也不會做什麼美的冒泡的事，但如果太太在家洗頭，你幫她吹吹風，哪怕把她吹成個醜八怪，她也不會生氣，因為她會感覺到愛。

5. 一摟一抱，天荒地老。

會說話的眼睛跟肢體語言是無聲卻具體的甜言蜜語。

丈夫摟妻子的肩，妻子抱丈夫的腰，一天即使三五次也不算多。

愛，就是靠溫度來永續的愉悅感。

家事不是分工，該是合工。

她洗碗，你就拭碗；他倒垃圾，妳就陪他散步；他幹男人裝插座釘木椿的活，妳就在旁邊興致勃勃地遞榔頭鋸子，讓閒著也是閒著的時間產生一些家庭遊戲的意義。

6. 拍拍椅子，陪我看戲。

你們喜歡的節目不同，家裡也有兩台電視，各看各的毫不侵犯。

但是偶爾，請拍拍椅子提出：「陪我看看電視嘛。」這種事的難度是：被邀者從來不會拒絕，但願意開口邀請的念頭太少。

過多吹毛求疵的尊重，在不知不覺中把互不干涉淪為互不搭理，兩人之間弄得像軍營裡的兄弟，這樣好嗎？

不管是男人開口還是女人開口，「陪我」這兩個字，在夫妻之間是有魔力的。

7. 音樂響起，隨跳隨踢。

音樂不是為會跳舞的人發明的，但是聽到音樂就會搖擺的人比比皆是。會搖擺不代表會跳舞，跳舞時踩不到點上多的是，有什麼關係？你看那跳舞的人哪個不是神采飛揚？

在自己家客廳聞樂起舞，無須技術無須合拍，他帶得住，妳就跟得住，他帶不住，妳就用愛發電，自編自轉自得其樂。

不會跳舞的人跳舞，可以讓你重返兒童時候的自然單純，無念就是有念，有念就是無念，你看孩子們，他們大笑需要理由嗎？

8. 為愛朗讀，有聲情書。

他老了，眼力甚差，妻子狀況尚可，但閱讀時也要費勁戴上老花眼，每天為他閱讀報章雜誌。

不再年輕就不好意思擁有濃情蜜意？那真是大錯特錯。

放下操心，三不五時散發自製的情感擴香精，當一切都在衰退老化的時候，只有相愛這件事的品質，卻是每一個日後都大有可為的利多。

你要從年輕就開始培養房事之樂。

愛她懂她先疼她

如果無心修整情感上的瘡痍，何不各放一馬自求多福，讓所有受傷的人都能得到放生與求生的機會。

我們年輕時，只懂得用力的愛；老到差不多時，非常明白：愛，不需要太用力，只要懂得心疼就是最溫柔的愛。

溫柔的愛就是男人女人都想要的愛。

好的書要來回看，熟記經典觀念，深化自己對應事情的思維。

好的電影每隔數年要再看，新的領悟可以知道：自己對同樣情節的事，會有多大變化的結論。

他們二度失散再重逢。

他在街道上說：「離開妳之後，我才知道我不能沒有妳。讓我們重新開始好嗎？」

當她疼愛的伸手輕撫他落魄的臉龐時，他緊緊扣住頰上溫柔的手說：「這樣，我才覺得自己還活著……。」

這三秒的溫存，忽然讓她積怨爆發，抽手給了他一記耳光，嘶吼：「你的心裡永遠只有你自己……。」

這是「滾滾紅塵」男主角秦漢飾演章能才與女主角林青霞飾演沈韶華一場戲，年輕時沒看懂這樣的情緒翻騰，歷經世事後，完全明白：再深刻的愛，仍難免遭遇痛哭失聲的憤怒。

三十年前看「滾滾紅塵」覺得處處經典，但只看懂一個女子對愛情迷幻似的癡心。

三十年後看「滾滾紅塵」依然覺得經典處處，卻多看透一層：愛情的生命週期不只是愛與不愛而已。

愛，是靈魂的知覺與感覺，發自內在，由自己衡量厚度與深度，偶爾會發生：與認定對象發生無法銜接的單戀型態。

疼愛，則是相愛模組中最精準的鑑定儀，既是一種心意測謊儀，也是一種心電感應器。

沒有疼愛的愛，會為愛帶來很多疼，以致海海人生滾滾紅塵中，這麼多這麼多真切的愛，可以從海枯石爛般的緣起不朽，卻又步向徒留海市蜃樓般的緣滅漠然。

在傳達感情的過程裡，體貼所反映的是個性，疼愛才是付出與分享的濃郁原汁，始終充滿保鮮的專注。

疼愛是什麼？

疼愛是：捨不得你辛苦心苦。

疼愛是：為你布置快樂氛圍。

疼愛是：樂你所樂，憂你所憂。

疼愛是：主動發現你的欠缺並盡全力去填補。

疼愛是：處心積慮或習慣自然的把你放在最安全的位置。

疼愛是：不被索求就會自動獻上關注。

疼愛是：不用難聽又討厭的語氣說話。

疼愛是進階版的溫柔。

疼愛沒有性別的屬性。

疼愛沒有階級的界線。

感情裡出現較多自私的細胞，就像先天不良的體質需要加以後天調理，而可慶幸的是，只要透過體會與學習，這樣的基因是可以改變的。

疼愛可以出現在任何形式的愛之中，不只是男人對女人或女人對男人，還有更多的情意關係皆該如此；因為，疼愛是天然的防腐劑與安定劑，讓愛的質感不斷更新釋放健康元素。

我們明明知道愛的本質就是心甘情願，那為什麼愛裡還會有不斷的爭執？愛的成績單，常常是以道理、規矩、事件與公平來決定分數，每個人可拆解的行為即使跟鐵甲武士一樣的零瑕疵，但是莫忘：愛不是條碼，愛不是藝術品，愛不是科技進化，愛不是胸前勳章。

愛裡如果少了疼愛的溫柔，心，很容易就疼了。

心若重複在微疼中，會本能降溫自保，所謂冰凍三尺，大概就是這樣慢慢開始的，如果始終不留心，等到發現冷的時候，很可能就已經落入大寒極凍，也才發現彼此對於起死回生都已經無能為力。

每個人都有愛的天賦，但是，很多的愛，欠缺疼愛的細緻與深情，當一個人看不到另一個人的需要，或者是看到對方的需要卻沒有應對，愛的骨質就會疏鬆，一旦下降到紅線階段，縱然開始補強挽救，不可逆現象的最佳狀況也只是保持不墜，難以回春。

大家都知道相愛容易相處難，那是為什麼？

相愛明明是快樂的前提，為什麼卻不是幸福的保證？

心是耳根子特別軟的接收器，親人愛人之間「我是為你好」常常伴隨著強愛產生的衝突，類比如例：當你端一盤山珍海味在「心」的面前，你擱置食盤的細微聲音、你希望佐證心意的語言表情，「心」都會一一感應，你所呈現的面貌笑容態度，不但成為食物可口與否的原因之一，也是導致「心」在當下樂意收受的關鍵感覺。

強愛，是強人所難之愛。

強愛，是強勢主導之愛。

強愛，只要稍失分寸，強烈的愛就變成強迫的愛。

疼愛是排除任何負面感受的善良，是一種優質的愛，是用心讓對方動心的情不自禁傳遞。

如何鑑定疼愛？好簡單，檢查自己，自己檢查：他想望得到的狀態可曾是你願意努力的方向？

感情的死亡，往往不是大事件的爆發，因為大事件提升試煉，反而讓兩顆心敵愾同仇，齊心奮戰。

在感情世界裡，善待別人跟善待自己是一樣的重要，但是，你做好自己的部分，卻仍有可能運氣不好，所遇非良人，又無從改善後，最慘的運氣是還無法脫離現場逃之夭夭。

零星小事，日復一日的消磨，才是微量砒霜累積殺機。

悲情模式的感情關係，是彼此放棄人權。

暴戾肅殺的感情關係，是彼此侵犯人權。

沒有溫度的感情關係，是彼此漠視人權。

不管愛有多少，不平等不平衡的感情應對遲早衍生怨懟，這就是自我賤踏恩賜，如果無心修整情感上的瘡痍，何不各放一馬自求多福，讓所有受傷的人都能得到放生與求生的機會。

疼愛，是透過讓對方快樂達到讓自己幸福的捷徑，可惜，選擇繞遠路又惹鬧惹氣的傻子比較多。

好心善意不一定討喜，因為怎麼說遠比說什麼更重要；不對的時機、不對的態度，甚至不對的腔調語氣，會把好動機抹黑到難以翻身。

讓愛裡多一點疼愛，一定可以減少誤會。

你們還年輕，你們只懂得用力的愛？不要太用力，只要懂得心疼就是最溫柔的愛。

共同帳戶存情義

打掉呆帳、打消爛帳，你的幸福儲蓄簿就是黃金存摺，雖然你看不到黃金，但是你知道你是富裕的。

愛情是平等的。

婚姻，卻有點現實。

所以嫁娶之間，不要「太」攀高，也不要「太」低就。如果有微幅差，不礙事，只要稍稍學習，彼此很容易就平衡了。

我明星朋友的兒子在中國最大電腦公司任職，已經高薪高位，可是愛上他的千金來頭更大，雖然事事遷就他，但男孩媽媽說：「那天她來家裡做客，我看她帶的包，就抵過你半年薪，將來，你會輸在這些精品面前，你送她，沒能力，她自購，你難受，走到哪裡，別人會透過你闊氣太太的行頭來檢視你的財力，你會覺得自己後腦勺都長了眼睛，習慣聽別人的閒話……。」

睿智的媽媽沒有說出反對的話，聰明的兒子卻聽懂愛情進入婚姻後會遇到的危機，他想了又想，最後以成熟不傷人的方式，慢慢退出這段感情。

幸福儲蓄簿在婚前就要開戶，就算有媽有爸可靠，你還是要衡量自己的儲蓄，那不只是金錢數字，還包括你想創造什麼樣的婚姻？你和對方的家庭價值觀差距大嗎？你有沒有分享共享的擔待？雙方原生家庭有沒有難以承擔的人事物橫梗其中？一對新人能不能在兩個家族創造聯姻的快樂效益？

我的同齡朋友，年輕早婚，但夫妻組家前已協議：未來各自照顧自己的父母，現在進入照顧的光陰流程，他們果然依約履行，但是行有餘力的一方，一定會主動輔助對方，所以多得的助力就是「多得」的，不比較，不算帳，不造恩怨，相安無事。

我的小齡朋友婚後兩年，生了寶寶，自己依然是頑皮的孩子。

公公過世後，婆婆一人住在豪宅，年輕先生說：「我媽要我們搬回去住。」

小娘子說：「我們可以常常回家去看媽媽，但是我不要搬回去。」

先生說：「一百坪豪宅耶！住起來很舒服。」

小娘子好犀利：「我們到你媽家住一個星期，再到我爸家住一星期，兩邊來回住，住我爸那兒，試試看你方不方便穿著內褲滿屋子竄。」

不自由，這就是媳婦不要住大宅的原因，大家很快取得共識，小娘子還真的每天跑去看婆婆，三個人都沒有不愉快。

我愛你，讓我什麼都願意，但是有些願意會形成可預期的壓力，進而改變情緒與關係，所以說，從年輕就要開始學習婚姻裡的妥協、讓步，以及感受對方的感受。

婚姻是最容易半途而廢的情感契約，要好好守著自己對對方最誠懇最善意的承諾真的不容易。

先立業還是先成家？沒有順序的必須，一切都是水到渠成。

畢業證書換結婚證書之後，你自己是學生也是教授，你的另一半是你的同學也是你的室友，有門牌號碼的家就是你們的進修研究所，你們選修的課程很接近，可是你們也要另跑教室，選修其他課程，認識其他同學。

當妳婚姻的家庭作業錯成一團時，最優先解決難題的對象，應該是找妳同寢室的夫君坐下來好好研討，可是很多年輕妻子喜歡抄襲女同學的經驗筆記，或聽些似是而非的傳授，這些招數，多數時候對妳婚姻造成更大的殺傷力。

不要聽蜜友的密謀，她們口蜜腹劍，因為她們不可能比妳的夫君更關心妳的幸福。

我真的聽過好幾回，女人不分年齡，一旦三姑六婆起來，很愛在別人的婚姻裡編電視劇劇情、還口齒伶俐說些深具煽動力的對白，很多年輕婚姻是死在她們「嘴裡」啊。

婚姻的儲蓄簿是最抽象的共同帳戶，那裏面有很多的我愛你、我信任你、我有能力對你更好、為你所做的一切謝謝你、我們越來越甜蜜……，打掉呆帳、打消爛帳，你的幸福儲蓄簿就是黃金存摺，雖然你看不到黃金，但是你知道你是富裕的。

女人長大，要成熟的從花變樹，唯有成為樹的挺拔，妳才能擇季開花，豔麗一生。

一筆滄桑流水帳

有些人的滄桑成為百聽不厭的傳奇，有些人的滄桑只是微不足道的傳言。

除非處於兩極之端，特別尊貴或特別運背、特別高智商或特別低反應，其他普羅大眾的人生，真的沒有不得了的不同。

人活一生的劇本多半是同一套公式，只是對白各有千秋、對手角色輪流上場、轉場方式偶見新艮、情節順序另有配置……。

我們是人生劇場裡的實驗室實習生，因為基因排列的不同，有些人的流水帳研究心得結算下來是偉大的成功，有些人的流水帳研究心得結算下來可能是一敗塗地。

生而活著的保障積分，大概人人六十五分吧！從牙牙學語到展翅高飛，要看我們怎麼對待自己、怎麼學習進步、怎麼經營人生；然後，慢慢演變出高低，甚至，還會有一點貴賤界線。

活得好，是紅利。

活不好，得費力。

我不好的時候，我沒有認為自己真倒楣，我只自問：我怎麼會把自己活成這個樣子？

千萬別把自己活成「太意外的不好」，這是志氣。

童年是我的黃金時代，我是家裡的小寵物，也是家裡的小刁民，我深信自己是在一個被溫暖包覆的家庭長大，我是被愛灌溉成長的快樂之樹，所以我對人始終有熱情的能量。鳥來棲，蝶來舞，蟲來啃，蟬來鬧，我都可以歡喜的接受。

少年的我，只看書不繪畫，只讀詩不說話，只聽音樂不唱歌，只寫文章不日記……，所以，我並不是真正的好學者，否則我該學樂器（當然學過，只是學而無成），該學書法繪畫（當然學過，只是學而無成），僅有的那點小天分，讓自己看不到遠山之宏偉，但是我每天都很快樂。

青年的我，裝模作樣，在那個還沒有文青字詞的年代，幾個男女同學天天攪和在一起，辦雜誌，創新編務，為了生存，我們還各自在家庭關係上、學校周圍小吃店，死皮賴臉纏著要一點廣告費，交換經驗時也總是笑翻彼此；慢慢，雜誌裡的文章常常是張三跟李四表白的情書，在那個純愛的世紀，我們看誰相愛都是羨慕與祝福的心情。

中年在社會上學的最多，發現必須具備對單元劇或連續劇的日常，有隨機應變的能力，有時我喜歡自己的適應彈性，有時我看輕自己的固執彆扭，有時崇拜會說夢的領導者，有時懷疑理想到底有沒有推動力……。

壯年當如猛虎，自以為該懂的事都懂了，唯一不懂的是發生在自己身上的事。

45歲，睡著醒著，都流淚懇求自己爬出黑洞。

51歲，人生第二回合，重新學習自立自勵，有點力不從心，要想站直站挺，怎麼會這麼困難。

52歲，領會孤獨功法，勉力勤練不輟。

53歲，筆下無詩，心中無夢，不浪漫也不悲情，所有的無感，像個金鐘罩保護著自己，但是謝謝一個無緣的男導演拯救了我，他幾次獻上單枝的紅玫瑰、他盛情要我去北京四環主持他新家的裝修……，承他之情，我的破碎，突然轉念成了一個有瑕疵的藝術品，陳列或蒐藏，都顯得有歷史價值了，於是痛苦淡淡飄遠……。

54歲，拉開窗簾，打開手機，進行失語與失聯的復健。

55歲，天，突然亮了，沒有翅膀也有飛翔的感覺，無事不美。

56歲，與快樂相遇，與幸福重逢。

而今老年，年歲笑我，我笑年歲。

哪個女性不是由小女生轉身為熟女人？誰的遭遇，不是是另一群人同樣經驗過的遭遇？

自己說自己的滄桑，常常比不過別人的光怪陸離，就算一把鼻涕一把淚說的悲涼悽慘，但如果大家夥同成冊，串聯出來的故事，大概還真是少有新意的流水帳，這就是人生，自以為與眾不同，其實還是在熟悉的節拍上演唱相同的歌曲，只是在這些大同小異事件之後，不同思維的人會蛻變出不同的樣子。

於是，妳的特別在於既有滄桑的故事可傳頌，卻又不至於是一篇令人乏味的流水帳之述。

男性向來沒有女性優點多，實在要掰一個來讚美男性，那可能是男兒有淚不輕彈，一旦失戀，不會像女人一樣，讀你千遍也不厭倦的把一個陳舊故事說上十年或一輩子。

有一位文化人說過一句針砭之語：「如果對不愛你的人不放手，那不是劇情片，那是恐怖片。」

人的肌膚容貌可以細緻到吹彈可破，但是人的心，大概找不到一顆是未被傷痛浸泡過的。

滄桑不是歲月和年齡的伴侶，滄桑是人對體會的反映，所以，有些人的滄桑成為百聽不厭的傳奇，有些人的滄桑只是微不足道的傳言。

雙Q女人特別Cute

在婚姻裡面，變心不一定是背叛，即使他沒有愛上別人，他也有兩個可能：一是他不再愛妳，一是他找到重新愛自己的方式。

同學們不要再寫火星文了，寫慣了3Q，會慢慢拉低你雙Q的水平，讓你的IQ、EQ變得越來越不Cute啦！

我向來不強調男女平等，我覺得的平等，是男人該讓女人的部分就要讓女人，女人該讓男人的部分就要讓男人，都讓對之後，兩性的位子才會是適當的平等。

我撿個簡單例子，我的生活圈都是男主人倒垃圾，因為垃圾比較髒，他們特別適合幹這個活（容我嘻嘻一笑），而且在大社區裡面，停車場裡的垃圾場大的像幾個籃球場，雖有監視器，也有不少死角，如果讓女主人去丟垃圾，會涉及安危，是不是就很不公平咧？如果是追馬路上的垃圾車，「少女的祈禱」

本來就是明顯鼓勵男性跑步去追垃圾車的音樂，不讓男主人丟垃圾？那等於抹殺他們的權利，實在說不過去。

再舉個例子，在外面飯局上，先生為太太剝蝦舀湯取水果，大家都會說：「好體貼喔！好幸福喔！」這些事如果都是太太來做，大家臉上可能沒有什麼表情，但心裡會不會有不少同情呢？

任何是非對錯，在社交場合裡，圍桌客只有對先生說：「你還不跟老婆道歉？」絕對不會有白目人跟太太說：「妳還不跟妳先生道歉？」

以上三例邏輯如一，這就是公平。

男人給女人的優惠，除了顯示愛的大方、愛的慷慨，還會在口頭上不斷稱許自己的糟糠是「領導」，實際上，他越彎腰越顯出他微服出巡的神氣。

女人能得到幸福不是性別的天賦優勢，不然怎麼會有這麼多女性碰到不可饒恕的刁男人？

那些受傷女性條件說不定比幸福的可人兒還要好呢！所以好女惡男或好男惡女都是無法解釋的錯置。

女人的幸福，往往是同屋對面的男人願意以犧牲打來悉心維護的。

幸福的女人，可能是因自己的ＥＱ、ＩＱ走在前面開路，技術引導先生做出種種好表現；如果妳並不是這樣，妳不是特別聰穎，卻遇到一個傻蛋喜歡跟妳高高興興唱山歌，那妳就要自我檢視自己的ＥＱ、ＩＱ能不能不辜負又鞏固幸福。

說真的，現在幸福的保鮮期實在不長。

同學的先生很會賺錢，職業是律師、醫生、機長、企業家？隨便妳猜，這一點就表過不提。

太太用名牌、持家務、出門光鮮亮麗，先生從不限制她在金錢上的揮霍，但是有一天他回家，突然就搬到同一棟透天的另一層，從此就沒來由的分房了，到底發生什麼事？太太完全無跡可循，找男女同學去協助溝通，始終回以同樣的答案：絕無外遇、也絕不離婚。

太太哭得瘦了一圈，她沒把先生當搖錢樹，也覺得事事以先生為主，怎麼說變就變？

這個真實故事，讓我想起三十年前的兩部電影。

一九七八年伍迪艾倫導演的「我心深處」，一開場，教授在早餐桌上對他古董蒐藏家妻子說：「孩子大學畢業，我責任已了，我要離開這個家了。」

一九七九年「克拉瑪對克拉瑪」，一開場，梅莉史翠普拋夫棄子只留下一句話：「我要去找我自己。」

在婚姻裡面，變心不一定是背叛，即使他沒有愛上別人，他也有兩個可能：一是他不再愛妳，一是他找到重新愛自己的方式。

如果夫妻沒有同步成長，有一方會忽略自己沒有進步，有一方卻再也不能忍受對方的原地踏步，當兩人的水平傾斜到某個程度時，一座歪樓就成了危樓，要修護，很難，等崩塌，遲早。

女人必須用上自己的雙Q，不能只做會說 Thank You 的女人，如果還簡寫3Q就更「漏」了。

本文起始，我就宣示我的觀念：男女不平等。這不是高估或低估男人，而是透徹男性天生活動力強、對感情的鑑賞欠缺持續力，所以出問題的角色的確男性偏多。

那妻子該怎麼辦呢？

有一對完全應了郎「才」女「貌」四字的夫妻，因為先生生意越做越大、越做越遠，賢慧美妻照顧體弱公公幼齡女兒甘之如飴，但是有一天，她發現了「故事」，這個故事是先生的喜劇，卻是她的悲劇。

她哭夠之後，確定了故事的真實性，也確認了自己的決心，於是不動聲色將家安頓好，也把自己的物件全數遷走，平日對公公依然侍奉，接老公電話也心平氣和……。

他國外回來那天，一如往常，妻子照例去機場接他，她在車上沒有旁敲側擊，也沒有興師問罪，只是行經一半，先生說：「路走錯了。」

沒走錯，她是直接開到律師樓。

我們都相信那時的他是愛她的，但是，她封路斷橋，絕不回頭。

雙Q之智不是心計，是珍惜與明快，好好守住那好的，快快剪斷那壞的。

每一種破壞生命秩序的東西，都該有停損點。

婚姻真的銬不住

我愛你，我的心鎖只有你有鑰匙。
我不愛你，你的腳鐐手銬也栓不住我。

相愛的時候，一切都是真的，連謊言都是為了討你歡心。

結婚的時候，一切也是真的，兩兩相望的海誓山盟沒有一句虛假。

但是我們似乎忘記：愛情本身會老、會凋零，需要許諾兩人像十字叉一樣的卡著頂著，才能支撐住那棵愛情樹，讓它從枯萎邊緣力爭回春。

婚姻從新房住到老房，再多的溫馨也不致讓瓦不漏雨，屋不漏水，久了，這邊有壁癌，那邊有水漬，有時修復如意，有時破落的令人絕望。

以上如此真實的生活，就是男歡女愛拜完天地登堂入室後的大致情節。

我相信愛情。我尊重婚姻。它們確實一再帶給我極大的幸福感。

然而，歷盡滄桑一霉人，我清清楚楚的明白：愛情與婚姻雖然都很可愛，卻不能因為有了承諾就注定可以依靠，更寫實的說：愛情與婚姻不但不可靠，而且連銹都銹不住，要來要去，抽象的感情才是主人，我們順著傀儡牽線傳遞各種情緒，常常被無能為力或憤怒復仇弄得醜態畢露、傷上加傷。

失戀的人，最好的一帖藥是「啞巴吃黃蓮」，不是有苦說不出，是有苦也不必說。

愛情裡，王菲做到了。

婚姻裡，林青霞做到了。

隨便誰為她們編造故事，她們都是一笑無憂，反倒是說嘴的人尷尬了。愛如黃葉飄無痕，衣袖一甩不染塵，輕舟獨過萬重山，何必自嘆愛錯人。

不管男人，不管女人，我相信大家都輸得起，甚至也被甩得起。不再被愛這件事是很讓人傷心，不過傷心歸傷心，不要老想著翻本、撈本、回本，就像打麻將輸了，付出去的就是別人的，如果自己還剩下些微，就應了那句「少輸就是贏」。

當然，我是過來人，我瞭解你最大的不甘，是你到輸光籌碼才認清對方一路要詐出老千，但是你想到蛛絲馬跡的霎那為時已晚，局已散，人已走，就算有人說公道話，起不了作用的公道話倒像是風涼話，一點也消不了你的火。

感情沒有對錯？有，一定有，所以渣人、良人很容易一辨高低的，但是這個戲碼的本質沒有公平原則，只有情投意合、只有你情我願、只有好聚好散……。

當其中一個只稀罕曾經擁有、只偏好喜新厭舊，另一個偏要堅持天長地久、偏要從一而終，一旦決裂，真的是有理說不清。

所以，一旦愛已無良，就別花時間說理了，只要找個高明的談判專家幫你打擊魔鬼，取得精神賠償、物質賠償，然後簽訂和平轉移政權協議，從此相安無事，大家美好。

我們還在呼吸，日子總是千變萬化，換工作、換車子、遷居、生孩子、與知己有了新的恩怨、與交惡的人開始握手言和、自己內外向個性扭轉了、喜歡的餐飲突然一百八十度轉變、失婚了、二婚了、重婚了、生離死別……這種種的總和就是告訴我們：不管悲喜，即使晨起夜眠顯得人生那麼千篇一律，其實世事始終在維持著不斷的重新開始……。

那，為什麼感情不能重新開始呢？

受傷的人，不是只有「挽回頹勢」與「沉溺廢墟」兩種選擇，也不要有下一個會更好的復仇心理或自勵喊話，因為你是獨一無二的，別讓讀不懂你的人毀了你往後的歲月。

我愛你，我的心鎖只有你有鑰匙。

我不愛你，你的腳鐐手銬也栓不住我。

極愛和極不愛，可以讓任何凡夫俗子變成情詩聖人或變成逃脫大師。

你的自由有你的界定，我的自由有我的自律，踩紅線、響警鈴，仍可「留家察看」三兩回，但積習慣犯，該退學該退婚，就該快刀斬亂麻。

我是不被男人疼愛的女人，我早已接受這個事實，是我長的太堅強？還是我長得太安全？我也懶得找答案。

當我感覺不到愛，應該說：明確知道對方已經熄火，我就挑明說：請你離開，去尋找你自己的世外桃源。

多數女人都是要經過多年的冷宮凍結，才能特赦自由，我也因而要花比冷凍更長的時間去退冰，這樣的虛耗到底存著什麼樣的貓膩？

女人們都要記住：婚姻或愛人，他願意靠得住就是靠得住，但是他若心往外飛，靠不住的同義字就是「銬不住」。

我一生為感情努力，我一生為情人努力，但是，我懂得銬不住的人性，因而奉勸大姊姊小妹妹：請絕對不要和一個不甘願的人在一起，不管他曾經多愛妳……。

愛，會變，不要拿良心栓他銬他，沒用也無趣，就算妳形單影隻，還是可以活出精彩。

在情人和夫婿身上花再多時間都是值得，在不愛妳的情人和夫婿身上花再少時間都是浪費。

把他丟回時光隧道，妳才能進入未來。

Chapter 3

社交禮儀
論是非

金錢奧妙別輕忽

你值幾個錢？這聽起來像是罵人的話。

但是，真的，我們是可以看看自己究竟值幾個錢？

我希望年輕人在乎錢，因為如果你在乎錢，你不會這麼依賴爸媽，你會比較容易有進取心，腦袋瓜也會運轉的快；你會早一步畫出自己的職場藍圖，你會希望自己可以掌握更好的競爭先機。

住在聖荷西年齡相當於國小的小姪子，把奶奶給的生日禮物現金美元，加上向媽媽借貸的現金，拿去搶購網上的限量版知名球鞋，他在電腦前坐了幾個晚上，終於搶購成功，媽媽問他怎麼買比自己腳大號的球鞋？他說：「我是買最大眾的尺碼，這樣容易轉賣呀！我自己才捨不得穿呢！」

又坐了幾晚，他的球鞋賣掉了，不但還了媽媽的錢，還附上投資百分比的紅利，對奶奶則說：「謝謝奶奶的生日禮物，我把你的錢變大了。」他用賺來的錢，去買了一個他喜歡的樂器。

朋友有一個天才型女兒，因為是天才，真的很難掌控。

女兒在台灣念第一流高中，功課很好，卻突然無預警的自動退學，說是要到國外遊學，家裡經濟環境很好，媽媽卻氣得說：「沒錢供妳出國念書。」

女兒說：「沒錢也不是大事。」

三天後，女兒拿出完整資料，她已在網上找到寄宿家庭，而且也有學校收她，她說：「不用你們的錢，我去了就自己打工賺學費、生活費。」

有個這麼強的女兒，媽媽實在很難當，朋友在一起時，常會笑媽媽：「妳應該是你們家智商最低的。」一晃眼，女兒已經要學成歸國了，能不佩服嗎？

數日前，好朋友來電，輾轉推薦一個商務 case，擬交百多萬預算給我分配可曝光之平台，我不經思索就婉謝了。

金錢，很迷人，但很多錢，不僅不能進口袋，連經手都要看看自己的能耐。

牽扯到錢的事，不必害羞，說清楚了，就是一種坦蕩。

金錢是奧妙的。要、拿、給、送，無一不是含著重要人生哲理於其中。

人能不能左右錢，是一種挑戰～往往是人格上的挑戰。

錢能不能左右人，是一種考驗～也往往是人格上的考驗。

你值幾個錢？這聽起來像是罵人的話。

但是，真的，我們是可以看看自己究竟值幾個錢？

有錢能使鬼推磨～很真實的事例卻是不能說的祕密。

美女醜男婚配，那還不是看上人家的錢～用一種成見來羞辱他人的感情。

世紀婚禮總是在細述身家首飾宴席費～好像婚姻的前主題是在為一顆鑽石跟財產數字開party。

父母不在，兄弟姊妹打遺產官司～金錢把血緣關係標註上微不足道四個字。

正反的金錢話題，常是社會新聞的主角，錢，就是天王巨星。

面對金錢，人有兩種情緒，一是不好意思談，一是談得很難看。

對金錢，其實不亢不卑就好。

在職場上，相信很多人都遭遇過，因為薪水、因為獎金、因為福利種種條件的不符合期待，造成各走陽關道；當事人往往會說：「我在乎的不是錢，也不是錢的問題，是……。」

類似這些問題，只要朋友跟我傾訴，我都直言「你的不舒服就是錢的問題」，容我告訴你：每一個金錢數字都具有多重意義，如果數字在你的標準之下，其他的意義相對就是絕不可退讓或不可妥協的。

錢，當然不只是鈔票而已，從廣義的角度來看，錢是一個天秤，讓自己明白可以接受哪種程度的傾斜。

有一個多才朋友，幫另一個朋友寫了一個完美企劃案，執行之後，我恭喜擬案人，他不但沒有絲毫喜悅，而且顯得相當灰心。

我問：「稿費沒付清？」

他答：「不知算不算付清。」

「當初怎麼談？沒有談定數字嗎？」

他說：「他問我怎麼計費，我說『隨便給』。我哪想到他真的給的『這麼隨便』。我氣得不好意思讓人家知道這個價碼，相信他也不會好意思讓別人知道他出手的數字。」

「恕我直言。」我說：「你的生氣是多餘的，因為『隨便給』就是你自己開出的價碼；還有，你以後不要這麼『隨便』，既然自己心裡有在意的行情標準，接工作的時候，用不著閃躲酬勞的明確要求，談錢，談酬勞，談利潤分配，不是俗氣的事，是很務實又很誠實的事。」

我經歷過一個金錢籌碼發揮功能的事例，那讓我頓時明白很多事情。

一個有幾位合夥人的唱片公司，其中一個老師思維浪漫、性格溫和、作品豐富、業界尊榮，在所有會議或活動裡，他不僅受同仁推崇與喜愛，而且個個視他為恩師。

那時大陸開放不久，公司的歌手陸續安排到大陸去參加商演，其中有一個歌手，怎麼安排都有理由拒絕，德高望重的老師更是一週五次一次三小時的跟他談來談去，始終未能得到同意，最後商演時間已近，另一位老師說：「讓我來跟他談談吧！」

五分鐘後，老師從小會議室出來，說：「OK，搞定了！」

怎麼搞定的？簡單，兩個字——加碼。

完全不需要恩師那套動之以情的細細聊慢慢談，唱酬加碼才是一言為定的關鍵，這是我第一次懂得：一個成功的談判在於你是否看懂又主動給足對方想要的東西，金錢是籌碼，也是點頭的誘因。

在那之後，當編輯部小夥伴要去討論合作案與結盟案時，我總是先提醒他們：談合作案，不要總是想著自己的利益，你得先想想你能給對方什麼？給的是不是對方想要的？

我也遇過，合作完畢之後，承諾變成泡沫，甚至連說明解釋都省了，但是這些事並沒往我心裡去，對我而言，認清一個人，也是該付出時間成本、經濟成本、財務風險的。有些信用呆帳，就由他去吧。

誰敢說自己在別人眼中，就是從來沒有摺痕的光滑紙張呢？

我曾為一個品牌代言空氣清淨機，其中我說了一句「我不是豪門，我的健康更重要」，很多朋友問我這句話的意思，我申論說明：「我們不是有錢人，更要看重健康，因為花不花得起看病錢，決定了我們的命值不值錢。」

錢，是有著千面風姿的信用卡。

因為錢，才會有各種替代物的出現，這些替代物代替金錢發言，金錢又代替持有者發言。

我希望，我在愛人心中是最值錢的，我的愛人也是我心中最值錢的，當彼此在天秤上遇到金錢法碼衡量時，我們生命的重量也還是俱足的。

我們往往形容：什麼最值錢？

錢是物，也是一種度量稱謂，用來比擬價值的時候，因為對手不同，有時，錢很值錢，有時，錢也很不值錢。

不要怕談錢，錢本身從來沒有問題，有問題的是伸到錢袋裡的那隻手有沒有勾當。

所有老大都慷慨

不要把自己在社會上的小小成就，當成出席朋友圈佩戴的鑽石胸花，如果以為自己是必然主角，以為朋友是當然的粉絲，很快就「沒有票房」了。

急切渴望主角位子的人，容易失去主宰生活的冷靜。

隨心自在主宰生活的人，也許會得到主角加冠的光環。

老之有趣，在於，強要的，難得；淡定的，有成。

不在乎聚光燈有沒有聚焦在自己身上，願為他人的出彩盡興鼓掌，反而會有更上一層樓的發光亮度。

做一個喜歡鼓掌的人，走到哪兒都能散布鼓舞力量，讓所有互動關係都得益得意。

生活圈的主角，有時比娛樂圈的主角更吃力。

娛樂圈的主角，有天生的條件，有必然的優勢，如果自己實力夠好，努力夠勁，就上得了擂台，豎得起門派。

帝后之位「爭」不來卻「掙」得來，那怕人際關係普普，四周狼煙頻吹，也一樣可以挺立不搖；因為明星吸引的是陌生人，視覺聽覺的動感表象就是勾魂之處，其魅力在與眾不同，其不同在出類拔萃。

我們不曾聽說，因為他很善良，所以他就紅了。

我們不曾聽說，因為他講義氣，所以他就紅了。

我們不曾聽說，因為他很慷慨，所以他就紅了。

我們不曾聽說，因為他喜助人，所以他就紅了。

但是在尋常人際關係裡，一個人的善良、義氣、慷慨、助人，卻是受歡迎的基礎。

明星和粉絲的關係，從來不是從心理的崇拜發生，而是從官能技藝的折服走進因果關係，只有在發生崇拜之後，粉絲才會從「我的心裡只有你」進入「你的心裡可有我？」的幻想。

但生活圈裡的主角與粉絲有著變換的對應關係：沒有絕對的主角，也沒有絕對的粉絲；在不同的主題事件裡，有時的自己，顯得很重要，有時的自己必須安於微不足道。

要在團體裡保護長青關係，必須懂得隨時改變戲路，不要把自己在社會上的小小成就，當成出席朋友圈佩戴的鑽石胸花，如果以為自己是必然主角，以為朋友是當然的粉絲，很快就「沒有票房」了；因為脫下職場的戰袍，說實話，誰也不鳥誰，願意鳥你的，一定是因為經驗使然。與你同行就跟與飛鳥齊翔一樣，是舒服的，是愉悅的。

明星的主角席位是「掙」來的，朋友圈的主角席位是「贈」來的。贈是什麼？

「贈」就是分享與體貼。

誰可以做老大？最捨給予、最願付出，最懂服務，這樣的人，他從不認為自己是老大，但通常，他就是團體裡說話算數的老大。

有些人號召的聚會，大家趨之若鶩，有些人號召的聚會，可能反應冷淡，這些結果和主題、主人、主角都有因果關係。

扶輪社、獅子會、類型協會、公益團體、慈善機構……，在社會上，要做到好人好事是好花錢的。

許多公益募款餐宴晚會請社會名士仕女「認桌」；所謂認桌就是義捐善款，一桌餐費價目，十萬到五十萬不等。

比起藝人拍攝公益廣告只需付出工作時間、社會信用，相形之下社會人士的付出善心，顯得相當昂貴，在出錢出力齊頭並進的規則下，只有慷慨的領導者，才能成為社會公益的主導者。

有錢捧錢場，沒錢捧人場，在這些有一定遊戲規則的背後，很多配角的重要性就凸顯出來了，配角的任務就是幫助主角熱絡場面，在各自的區域做足態度誠懇、氣質符合的支持者。

主角是紅花，綠葉是別緻配飾，有綠葉的紅花，才能凸顯一定的光芒。

聚會消費分四種型式，一做主人，二做客人，三採ＡＡ制，四採輪流爐主制；做主人或做客人，都是比較單一的行為，邀請與受邀都可以量力而為，兩相自在。

職場上的現役族群或經濟條件比較好的族群，大概最喜歡輪流爐主制，這可較量誰最會發掘新場所，誰的人際關係最靈活，誰的面子最風光，但長此以往，很可能會流於較勁的軍備競賽，那樣就尷尬了，所以退休與未退休人士同時參與的社交團體比較少用這樣的方式。

朋友同學之間，知彼知己，在AA制前提下，基於體貼，避免讓有經濟壓力的出席者真的面臨壓力，通常都會找最基本消費的方式與環境，這種友善可讓聯誼關係天長地久。

在職場上，頭角崢嶸是一種榮耀，也是一種競爭，不知不覺中，就把追逐的焦點奠定在自己的重要性上，每一次的比劃好像都是為了得到一個主角的席位。

但是在生活上，凡事細水長流才是最健康的自然生態，不再任重道遠的歲月，不急不緩、莫躁莫鬥、甩開自己「非要被人看到」的好勝心，隨遇而安就是最大的舒適。

懂得謙遜的人，最可能成為團體中重要的關鍵少數。

若想活力十足卻又不想承擔壓力？那，選擇擔任配角，偶爾客串龍套，才會戲路最廣，通告最多。

五十之後，學著坐在觀眾席觀賞人生，那也是一種表演藝術。

心靈領袖不嫌多

好人，比較容易快樂，對人好的人，可以更加快樂。

為什麼要對別人好？

答案有兩個，都極其簡單。

一個是反問句：為什麼不要對別人好？

一個是驚嘆號：對別人好自己很快樂呀！

新世代強調「多愛自己一點」，我大大贊同這種自覺，但是有一種論點是「對別人太隨和遷就，別人就會不當你一回事」，這話，聽起來並不寫實，而且實在太悲傷了。

對別人怎樣才算好？肝膽相照兩肋插刀掏心掏肺付出所有苛己寬人委曲求全……？不，「對別人好」並不需要用到這麼大串沒頓號又重大到難以喘氣的標準，「對別人好」只是日常裡的習氣與習性，也就是在量力條件下盡些心力，在獨享的痛快中多一份分享的慷慨，如此而已。

付出，要願意與意願並存，如果受迫自己或受迫別人，不管原因為何，被勉強而付出，都是不舒適的。

從我的朋友身上，我看到越來越多的實例。對人特別好的人特別快樂，特別快樂的人也對人特別好，他們就像一體兩面的印花圖案，不管在怎樣的陰影光線下，都會展示出鮮豔飽滿的容顏與色彩。

老同事卜人美，年輕時照顧父母兄弟姊妹，有著經濟上的辛苦，可是過了中年，手足爭氣，夫婿職薪優裕，加上她擅長理財，步入中年後，終於實現「我就是自己的大金主」夢想。

退休人士的聚餐往往採AA制，而且選擇消費環境都會顧慮經濟條件較弱的對象，絕不炫耀能力，這些時候，卜人美也跟大家一樣攤份子出餐費，可是每年長官生日時，她會堅持做一次主人，為長官安排壽宴，邀請老同事作陪，餐後還不忘準備北方食點或農產品作伴手禮，我看在眼裡，拿在手裡，謝在嘴裡，記在心裡……，我覺得最大的感動是：她的作為沒有帶給任何人壓力，而且任何人也都衷心謝謝她的安排。

我有一個行之有年的小學同學會，大家都是眷村的孩子，可是進入社會數十年之後，際遇不同，成就不一，對同學會自然產生不同的奉獻與期望；規矩天成，所有居於領袖地位的同學，輪番上陣擔任會長後，因為他們發心發願又出錢出力，在為同學們做了很多很多貢獻之後，反而導致一個尷尬局面，其他同學都不認為自己有能財力能力接任會長。以致懸位待將，無人敢上。

最照顧同學也最受推崇的王永生和石明、吳鳳昕，很快就看懂大家的膽怯所在，所以聯手提出一筆金額贊助同學會的運作，言下：有人願意接任會長，只要致力團結與照顧同學，不必憂愁經費來源。

這樣的表達讓我對三位同學崇敬再上一層。

他們，不從政，沒有必要累積好人卡。

他們經商，但是網路科技與汽車零件的職業別，實在也不需要同學會這樣的後盾吧？

他們坐六望七，人際脈絡成熟到我們可望不可及。

小學同學會是他們的負擔，他們，卻一直把小學同學會視為他們的榮耀。

多少年來，付出最多的他們總是謙沖有禮，在導引與引導的事務上，總是以請託取代指揮，語意含笑，面容帶笑，聆聽的時間遠遠超過他們發表意見的時間。

他們是大人物，但他們在尋常的我們之中，就只是順勢演出可以提供各項助援的好脾氣同學。他們就是最好的印證：對別人好，所以很快樂；自己快樂，所以對別人更好。

其他歷任會長，李寬麗、蕭潤禾、童光建、王國璽，無一不是如此寬厚；影劇圈裡受人尊稱「三叔」的蕭潤禾，對同學對資深藝人都盡己所能的照顧服務，一張長年笑咪咪的小眼睛，風趣幽默又平和。他們都充滿快樂氣息。

我的忘年新交卓碧金是腦痲協會創辦人，這幾年，一方面看她為協會經費奔波得如此辛苦，一方面又被她樂觀的生活態度深深打動，如果跟她交換角色，我一天都熬不下去吧？

但她漂亮的笑容似乎就是答案，「船到橋頭自然直」，「關關難過關關過」，這兩句成語她常用。

她自己有一個腦麻孩子，她們關係友好，彼此無怨。

她有一個捉襟見肘的協會，她從不敢言退，因為照顧腦麻孩子是自許的責任，照顧腦麻孩子老去的母親，也開始成為她的責任。

在辦公益活動時，她總是戴著大墨鏡遮著愛流淚的大眼睛，因為腦麻孩子的奮鬥人生時時讓她情難自禁的感動，此外的時間，她沒有任何悲愴的情緒，「能付出」這件事，她說是促使自己的生命有價值夠圓滿。

從事保險業的施麗華以服務為樂，任何問題到她面前，就會迎刃而解，而且還以好笑的語彙讓人放鬆。她的高堂老母喜甜食，一個春節吃好幾個我家先生做的八寶飯，而後仙逝，她怕我有多餘不安，搶先說：「別安慰我，我老娘是一百零四歲平平安安走的。」

我一再看到她對客戶隨傳隨到的效率，很佩服，特別把我不擅理財的狀況向她請教，並問她：「我保什麼比較好？」她秒回：「妳保重就好！」笑暈我也，跟她在一起的開心指數可列入養生系列。

這些對人好的人，不是好到不留痕跡，而是好到處處都有痕跡，這些痕跡讓我看到一些線索：他們不刻意的良善，引渠活水活源澆灌了自己內心那畝良田。

因為他們，我更加明白：好人，比較容易快樂，對人好的人，可以更加快樂。

他們都是我的心靈領袖。

十惡不涉即益友

待人，做拂面春風快樂？還是做襲人妖風神氣？

曾經以為，人要有優點才有朋友，後來，時間洗鍊篩選出的生活圈，漸漸發現與確定，到哪都受歡迎的人，真的不是因為優點多，而是因為缺點少；跟這樣的人坐在一起，沒有情緒風險，沒有面紅耳赤危險，透過經驗觀察，整理出十惡不涉定律，所有朋友交往品質都越來越好，聚散的取決單純而直接。

待人，做拂面春風快樂？還是做襲人妖風神氣？

我對朋友就是迎合＋配合＝隨和，字詞的解讀往往跟自己的身心健康有因果關係。

努力對別人好，不會讓我覺得不夠愛自己，因為我就是偏愛、喜歡與欣賞別人的愉悅，但是，如果我的隨和讓我不舒坦了，我會看看對方，走開，連爭論都嫌多餘。

你怎麼描繪自己臉譜的點線面？你喜歡誰？誰喜歡你？很小的時候，這些事，你就會心裡有數了，所以小孩很清楚該跟誰撒嬌。

想交到夠好的朋友，先要要求自己夠好，而這個好，並沒有高標準的難度，只是簡易合乎人間風景的普通好。

不搬弄是非

職場上給人穿小鞋，生活裡揑造謠言，一個人被弄痛了，有時也只能退避三舍；可是有蛇舌的人，亂咬成性，遲早有人暴露傷口，一旦發難喊冤，頓時如網路串文帶動反應，有點像點燃長城烽火台，不鼓動也會引動受害人彼此馳援。

搬弄是非形成個性標籤後，知交會陌路，淺交會止步，只不過現在的人都很「懂事」，不會因為情義情感受傷就惡臉相向、惡言相對，大家都有心照不宣的默契，慢慢，壞舌頭的，自然會「被」淡出很多人的朋友名單中。

網路中毒成癮者，不問世事卻自以為自己知道天下事，也是亂世之源的搬弄。大搬弄小搬弄都是搬弄，都讓人迴避。

不好為人師

專業知識與精深學識，在受人「求教」時，最顯崇高，但不是所有場合，都有這麼多人甘願聆聽。

我喜歡看嚴長壽先生的書，也知道他的發行量是十萬冊起跳，任何場合，他隨便說隨便笑，賓客都覺得是在享受他的學養與風采。

在一般團體裡，如果沒有引言人，誰誰誰自發性的太愛「搶話」、「開講」、「頭頭是道」、「糾正別人」，那這個誰誰誰很快就孤掌難鳴了。

太好為人師，嚴重時，是強迫別人磕頭受教而不自知，有禮貌的，會在內心打瞌睡不表現出來，耐心差的，藉機起身倒水喝水放水……走開。

不忌妒生恨

愛情會吃醋，友情親情也會吃醋，對競爭對手的妒恨尤其可怕，這三種激烈程度不一樣，但都要小心應對，因為每一種摧毀都是小則自傷，大則群創。

忌妒的瘋狂，會讓人失衡。恨意的延展，更讓人失智。

何必損人不利己？何必利己去損人？

只要懂得自省，每天都是重新做人的機會，去學習所有造成自己忌妒的焦點優勢，這樣的人生，才會迎光而行。

不忘孝親倫理

含著金湯匙出生，是合法的作弊，完全是越線起跑，要謝謝爹娘。

持著貧民證出生，是被迫挑戰障礙賽，爹娘的辛苦最是血淚暗流，更值得感恩。

不貧不富，小康之家最康莊，上下兩代處在最好的平衡位置，怎能不特別感激爹娘？

如果不孝順，敢不敢讓人知道？敢？讓人知道了，敢不敢放棄抗辯？也敢？那真是徹頭徹尾的壞胚子，這題就跳過不聊了。

多數人不會不掩飾自己不孝順，因為讓人評議不孝，自己都覺得丟人對吧？所以這可以有力證明：孝親還是合宜的倫理價值。

不挑釁鄰里

「千金買屋，萬金買鄰」，大家都知道：誰住隔壁、誰住同區、誰住同樓關係到自己日常的心情，但是人人對鄰居的期待很高很高，邊嗆邊互幹的鄰里糾紛也很多很多。

自己有壞習慣的，將心比心改一改；想修正別人壞習慣的，溝通時語氣語法都溫柔一點。

但「壞習慣」認定標準並不容易，被糾正的人很少服氣；而「將心比心」

又因你的心終究不是他的心，抽象到難以列舉，也就難以用是非題來作答。

鄰居唯一能做到的是從溫和與溫柔出發，和平共處基礎在於同理心、同水平、同角度，怎麼都行不通，就從情理法去找辦法吧。

在公共場合如餐廳、健身房、劇場戲院，過度的喧嘩，也是挑釁噪音，別犯，犯不著讓人嫌惡嘛。

不做網路酸民

這個世代最孬種的發明，就是酸民興起。

戴著面具、用著假名、敲著鍵盤、說著人身攻擊的謊話或鬼話……。「正義是需要付出代價的，做對的事也會得到懲罰」。這是真正勇士懂得的殉道。

過日子不是幹情報，用真實據實的自己面對意圖改善的目標，就算個人論點有誤，態度略顯激烈，但坐不改名立不改姓的坦蕩，依然有著層次上的可敬。

嗆，不是勇氣，具名才是勇氣，具名的嗆，雖不是發言可信度的指標，但，絕對是可取的態度。因為仁者必勇。

不要問東問西

「很愛問」是很好的求學求知態度，但是人際關係上，不需要畫連連看的「樹圖」，也不需要顯擺自己對他人關係的無所不知，所以不是基於關心與必須，不要東問西問他人之事。

每個人都有隱藏版的內在，有時是為了自己偏愛低調，有時是為了保護別人的不便，這並不是守著一種祕密，也不是故作神祕；朋友之間，自己說自己願意說的、聽朋友說他願意說的，這樣交談所形成的認識、理解、信任，真的就夠了。

做朋友，聽而不問，一百分，問而不聽，六十分，不信？回頭想想經驗，你喜歡很愛問東問西的交談模式嗎？或者，你因為自己愛東問西問而被認為特別受到信任嗎？

不攀緣關係

認識太多人，不一定是好福氣，尤其自己以為認得的名單已到「海量」，卻在對方的反應裡只有一臉茫然的陌生，這在兩兩之間都是尷尬與負擔。

別在人家費勁處理完一樁事之後，風涼一句：你怎麼不來找我？我一通電話就可以搞定的。

別在介紹一個鐵哥們兒的時候，「很順便」就道出自己當初是如何如何照顧過對方。

別在大家正熱力談論一個人物時，就以牽連關係把焦點拉到自己的身上。

看任何明星產業就知道，最優越、準備最充足的人，還是得等著別人拱你做主角，想要照到聚光燈，靠的還是旁邊人願意打燈，既然沒有幾個人是吸睛天王，就要安於陪襯別人。

不欺負弱勢

一個特別好的人，會幫助很多需要幫助的人。
一個好人，會為特別好的人按讚鼓掌喝采。
一個人，是不會欺負弱勢的人。
一個爛人，是會欺負弱勢的人。
一個特別爛的人，會專找弱勢來欺負。
打開網路新聞，每天都有數以千計的新聞在分辨這五種人的差異。
特別好的人，也許不是人人有能力有意願做得到，但是做一個好人或做為一個人，不會為難的。

不允異議發聲

重大新聞或臉書貼文，最有趣的的是留言內容，越強烈的話題越兩極，文字運用殺人如麻，水準參差驚魔嚇鬼。

議事論述有落差時，可以讓人參考尋求平衡值，可是完完全全指東說西的兩個直線反方向，看起來就很像為反對而反對、為駁倒而駁斥、為說贏而詭辯，無疑只是要把異議「滅音」、「滅口」而已。

網路世界如此，人聚世界依然，如果跟你不一樣，你就一定要扳倒對方，絲毫不希望在不同聲音裡找到自己忽略的觀點，那寧可到同溫層去取暖，別再死抬槓。

以上十惡不涉是另類性向測驗，大家願意深交的朋友，大概都沒這麼多怪毛病吧。

自幼即含著金湯匙終究幾稀，多數行業，並不需要身家背景，做個有個性但不討厭的人，只要肯好好學習，夠在這個社會打拼啦。

收劍求敗捨江湖

不要以為退休就是接收寂寞，他有另一種迷人的可能：你贖回了人生自主權。

東方不敗是展翅少年，貴在意氣風發，不惜千斤戰四兩，凡事痛快哉！笑傲江湖是人間仙境，貴在戒貪取智，擅長四兩撥千斤，凡事瀟灑乎！誰都有一段東方不敗的威風日子吧?!

但是飄盪江湖久了，在最後一里路出現之前，要先打掉重練的再也不是制勝神功，而是要認輸不爭贏的即早練就笑傲天下之輕鬆自在；有時，甚至收劍求敗也是一種氣度風采。

我在不同階段，隨緣但不攀緣的交到不同的朋友，他們的潛移默化給了我進步的空間。

端詳朋友的應對方式，我時時恍然大悟，時時心領神會，在一起走過高高舉起的年華之後，終於又在輕輕放下的霜華之際發現：原來所有的張羅費勁兒，也只是為了要走到此刻無爭無求的境界罷了。

四十年的交情五十歲的人，不管青衫或紅粉，都讓我懂得「爭強鬥狠寂寞多」，也讓我明白「認敗認退怨仇少」。

朋友是一本無字天書，我專心讀透他們，他們就是我入世潛修的經典祕笈。跟著他們的步伐，我見賢思齊，見劣自省，一再修復調性，讓自己不受綑綁，也讓旁人自由自在；更慢慢領悟：「要懂得該說不該說」，「要警覺該問不該問」，「要自制該管不該管」……。總之，心裡必須有一定的成熟，才可判別有些事就是可觀不可參，當回事就會惹出事。

還有，就算自己枉費少年，也不可以苦戀青春，做個風趣幽默老生老旦沒那麼容易，一弄擰了，就淪落成比白目等級還不如的渣公渣婆。

飛越五十之前，也許有人不曾翻江倒海，也不曾叱吒風雲；既未探得寶山，亦未坐擁江山，難道這就該當認了人生白來一回？委屈嗎？遺憾嗎？別別別，我何嘗不是如此，多數人又何嘗不是如此？

站在五十到六十的分水嶺面前，每一個人都該慶幸自己有再一次的機會面對更好的未來。

朋友興致勃勃的渴望退休，時間靠近，他突然不經意哼起歌詞一句「電影將要散場，燈光慢慢變亮」，頓時喜感變傷感，我給他一個熊抱：「人生有趣的事，我們都還沒有玩到，退休反而是時機與轉機，我們會減少吃飯貼文、炫耀博彩……這一切過於『簡化』、『制式化』的生活慣性，其實讓我們疲於奔命。現在我們終於做了自己的老闆，人性的本能，會讓我們加倍勇敢看待自己。」

「我希望下一段人生不會茫然失措。」

「空洞是有回音的教室，你很快就會聽到自己被什麼悅耳的聲音呼喚。喜歡和開心，永遠互成因果。」

不閒下來的人，永遠不會知道「該做卻沒做」、「喜歡卻不敢做」的事，正像一個千層紙燈籠在心底被壓得扁扁的，當你有時間把它提取出來，再拍拍灰塵拉展開，新故事於焉開始。

我們都有一間心靈畫室，有的人啟用了，有的人還閒置著，我們要為自己篩選成人繪本的素材，每一筆，隨心，每一字，隨意；勾勒出來的線條，往往就能滿足自己的精彩，而且最厲害的是，你不需要票房，你不需要業績，你不需要層層上報，你不需要同溫較勁，在這麼多的利多下，告訴我，退休的人會戀戰他人兩掌或口舌尖的喝采嗎？

不要以為退休就是接收寂寞，他有另一種迷人的可能：你贖回了人生自主權。

我們典當歲月與小才小智，贖回時，拿回來的是老舊不堪破落家當？還是增值變身奇貨可居？

不管破落，不管增值，你都是輸家，也都是贏家，因為時間的洗練才是典當的主物件，你還能拿回的時間不管是長是短、是多是少，這剩下的時光，都是你最後一里路的盤纏。

在歷經這長長的學習付出後，任何的跌打損傷、任何的光耀門楣，都已經均勻的混合成一盤洋芋泥，可以是主菜也可以是甜點，反正所有貴賤食材已不存在，你烹調洋芋泥人生所留下的口感，就是人們對你的記憶評價。

做一個可口的退休族，可以翻轉以往的任何失足，並不需要借助外力，自己就可以為自己漂白。

不管你是老人還是老大，老之將至或老之已至，正是以「玩」童為志的好年齡！

「玩」不是輕蔑字眼，「玩」是境界提升。

人人都說男人做爺爺比做爸爸適任，為什麼？因為玩孫子就是比教兒子更有春風化雨的溫柔；男人在乎兒子成器，所以舉凡要求，都嚴厲無情，男人不設定孫子未來，所以眼神口吻，總是寬厚多情。這就是「玩的境界」。

可惜只有疾行到老，才能懂得界定與鑑定：凡事施力，都有恰到好處的斤兩。

坐五望六，坐六望七，萬一無人可支也無事可使，千萬別為無聊孤獨暗自神傷，此時好好玩，自己最能盡興。

從披甲上陣到卸甲歸田，退休的我輩中人，要相信「倒行逆施」就是快活四字訣。

什麼叫倒行逆施？

1. 多退少補，把多的送出去，把少的撿回來。
飯局太多？用不讓人不適的小謊言學會拒絕！朋友太少，別誤會自己被冷落，只要方式好禮貌到，主動的邀約也是一種送暖。
記住：友情可愛且重要；但也要記住：「淡如水」會「情同虛設」，「甜如蜜」未嘗不會「指數變質」。
沒有度量衡概念的人，也不能不懂得丈量人我之間最舒服的遠近親疏距離；這樣的重複練習，最後終將是一個人的功課。

2. 改變角色關係，做個硬裡子工具人。
在群聚的團體裡，就算大家平起平坐，還是可能有主從關係、將帥兵卒，所以有人說話全數贊成，有人說話沉寂無應，如果這是愛戴選擇，很棒，如果這是角力，不必竊竊私語自己挺誰，直接用行為傳遞態度，客串一下工具人。不欺軟怕硬，也不怕天色變了、選錯邊了。為別人打抱不平卻不興干戈，就是對實踐情義聊表敬意。

3. 即使走通俗路線，婆媽也可繡花雕飾個人語彙風格。不常閱讀，就取巧多背成語吧。

成語之妙，在於四字七字即可明指暗喻一個千言萬語的冗長形容，少言的人，猶如因此穿上解悶衣，多話的人，更可因此脫掉累贅裝。場面上受歡迎的人，要不就學富五車，長篇大論無人不耐，要不就蜻蜓點水，輕盈短語令人耳亮……，但，有學問是靠一輩子的見識好學累積，常人當然難以同馳學海，這會兒不看書也至少看看成語辭典，熟用成語、多用典故，一旦運用得當，可以把乏味的自己略添趣味。

退休很像是把人生切成兩半，有些人在中場休息二十分鐘的時候，就預估會苦到如墜深淵，也有人夢想從此美到難以置信。

你是誰？日不西沉的太陽？永恆的東方不敗？退休讓你害怕嗎？

我是誰？我很清楚告別組織制度後，拜退休之賜，日有陽光，夜有月光，前無強敵，後無追兵，我遠離江湖才能笑傲江湖，接下來的所有擺盪，是夢都沒有夢到過的愜意。

退休後還能有什麼開始？別憂煩，現在也不過是真正的還俗罷了，好好掌握這倒行逆施或逆勢操作的難得機會，另一段人生正等著你繪製你要的江湖藍圖。

閱讀開啟心門窗

一個故事傳言如果能打動你，你不妨在這個傳說中洗瀝出一些金砂金粉，模擬精髓，打造一個更傳奇一點的故事。

你有新的舒適圈嗎？

五十年累積的人脈、知識、資源，不一定人走茶涼、權落心寒，你一定有一些見解可以讓你成為體制外的開發者，我們都已經沒有賺錢的能耐，但是我們不能連賺快樂的機會都不敢親近。

老了創業，是找死。

老了創新，是找樂子。

歐普拉說：世上並無失敗這回事，失敗只是人生要我們轉個彎。

我身體僵硬，甚至記憶也有很多坑洞，但是，怪得很，我的腦子碰上喜歡的事，立刻九拐十八彎。

我怕重複的生活，所以我總是在想：還有什麼沒做過的事是我想做又能做的？

虛擬，就是真實，真實，也是虛擬。

於是我把兒時夢想開一家羅曼史小說出租店的少女心，重塑造型風格，走上老妝老旦卻很時尚的戲路，延展出在社區拉一個稱之為「虛擬書房」的群組，撇不掉的急性子，讓我飽富劍及履及的實踐力，說做就做。

職場一生，我從來沒有「接任現成要職」的好運，我總是擔當偵查探子、先遣部隊、過河卒子的風險路線，走進荒漠尋找綠洲。

夥伴看我的際遇是兩極的，有人覺得我老吃癟調派到荒島，有人覺得我實在吃香，不停的執掌旗令衝鋒陷陣。

我自嘲官運不好，可是謝謝這個「不好」，讓我因此被操練一輩子，培養出不用子彈打仗的癖好。

朋友說我太樂觀，是的，樂觀就是我的生命進行曲。

腦袋安置在脖子上，真的不是裝飾品，它就該是操控你想要的人生智慧。

一個故事傳言如果能打動你，你不妨在這個傳說中洗瀝出一些金砂金粉，模擬精髓，打造一個更傳奇一點的故事。讓腦子會敏銳，就要在這樣的邏輯中找到新的食物鏈，促進所有運作能新陳代謝日新月異。

我聽到什麼樣的故事傳言呢？

一個企業總裁苦無時間閱讀，公司編制內八十個副總因而派上用場；總裁每月發一本書給大家，位居要職的各個副總都得文字書寫閱讀心得。

寫讀書報告給老闆？你敢敷衍嗎？所以每個副總都認真的看書，看透到足以讓自己進步，也認真地寫閱讀心得，寫到自己思維跟著同步更新。

老闆雖然並沒有看書，卻完整收割八十個副總的閱讀精髓，如果這算投機取巧，我到寧願相信這是神奇的聰明，八十本書是投資成本的極限，但在精簡時間和豐富知識的報酬率上，簡直就是驚人的暴利。

年輕時代我藏書甚豐，三面環窗格局的屋子，順著窗台下全部都是書，後來體質過敏，就毫不遲疑把成套精裝書、多類型平裝書，送給映畫製作公司做場景陳設，等拍完戲，再把書送到花蓮的二手書店延續價值。

舊書字太小，藏而難閱，現在的書報字級放大很多，才又重新開始再拾閱讀。

這時，總裁的故事在我心裡釀造發酵興致勃勃的念頭。

虛擬書房有別讀書會。

讀書會是大家同讀一本書；書房群組是各自選書、購書、讀書，而後各敘心得，激發不同類型的閱讀感受，擴大漣漪範疇。

一個人一星期也許只有看一本書與買一本書的時間、經濟預算，但在書房群組可百花齊鳴，分享其他人表述其他書籍的精華，這就是：陪伴看書、協力看書、交叉吸收、代謝觀念的四大附加價值，好像比讀書會更容易多角度多元化的交融觀念。

有了這些讀伴，你一個月只讀兩本書的精力金力，很可能放大為六本書到八本書的知識與樂趣。

除了受傳說興念，我也受委託開始研究童書繪本。

自己家的小媽媽和她們的朋友都說：「童書好貴。小姨媽幫我們想想辦法。」

我們這個年紀，只在乎好，不在乎貴，小媽媽嫌童書貴，也不是捨不得買書，實在是他們有經濟條件的考量。

我有機會看到小媽媽以同一本童書說床前故事足足說了一個月，我奇怪為什麼不換一個故事說？這才明白小娃娃也有天生的固執，多數的他們都有執迷偏愛的故事，睡前一聽再聽永遠不膩，我說：「就算一本童書好幾百，念上一個月，攤提下來也不過幾塊錢……。」

這當然是沒做過媽媽的我這種人所說的蠢話。

幼齡教育是重要的。

有作家爸媽就有作家兒女。

有音樂家爸媽就有音樂家子女。

有建築師爸媽就有建築或設計師子女。

他們的啟蒙，說來是父母的培養與遺傳，但開始翻掘他們潛在性向的會不會就是童書呢？

周邊老老小小都有看書的需要。

有一天喝咖啡，我七十二歲的姊姊說了一個名字，我以為是教會牧師，查了一下是寫童書的張文亮教授；姊姊指定的幾本都集中在國語日報出版，我說：「這些童書都在寫物理化學醫學科學，小孫子看得懂嗎？」答案可讓我意外了，姊姊說：「是我要看，等我看懂了再教孫女。」科普世代，媽媽要進步，爺爺奶奶也要進步，好嚴謹的教育脈絡啊！童書的確是爺爺奶奶需要吸收新知識的途徑。

這樣一波一波書話題，讓我的腦波又開始放電不止，我翻來覆去想了一個月，然後用一個小時寫出一個手機版的簡單企劃文案，自己拍板定案後，我讓我的妄念開始找地方插電表演。

我的企劃案，就著熟識我為人的出版社，直接了當傳訊過去。

我說：我以虛擬書店的方式，進行社區「書買辦」服務，我自信這個新型態通路會比傳統經銷商更關懷出版社的存活。出版社的書不是寄賣，也不是切貨；我下訂單後依據數量宅配定點，訂書到貨，我就現金結清書款。出版社或總經銷，沒有盤點、退書任何後續作業，至於發書、收款，都是我自己的責任。

我只是一個寫字人，可是我試圖改變傳統呈列式的被動銷書方式，採取主動向有效閱讀人推薦書。

說白點，我是向有頭髮的人賣梳子，我是和喜歡閱讀的人討論該看什麼書。

加上好友都有導讀能力，相互提升閱書的活潑度與感染度，讓閱讀出現另一種討人喜歡、讓人輕鬆的面貌。

我多次專程到小書店去觀察書籍買氣，講實話，書在架上，只是聊備一格；到大賣場觀察，也清楚明瞭：文字在數字面前的吸引力幾乎是零，賣一本書真不如賣兩罐牛奶一袋馬鈴薯來得容易；至於領導品牌的旗艦書店，也熄燈號一吹再吹。我寫的書上架時，恨不得親自走到收銀檯說：「買我的書吧！」哈哈。書事、書市，就真的不是一般人的舒適圈嗎？

總之，靠著「字薦」，又靠昔日美編小夥伴美玲、絢仁幫我做幾張言簡意賅的品牌卡當作通路商的臉譜，居然讓行家看出了亮點，很謝謝一聽計畫就表明全力支持我的幾個資深金字招牌出版社。

我已老邁，卻動感十足，可惜不是豔星，是厭星，因為現在的大家，週六日是不工作的，我的節奏，還是想到就傳訊、打電話……。

三天時間，我為鄰居代購兩家出版社二十四款書的一百四十本，加上暗崁預購童書「蝴蝶朵朵」六十本……，這算不算佳績？我並不「內行」、不會演算，就分別問了出版社，得到的答案都是：驚讚！不可思議！

有一個出版社分析：妳等於是一個不起眼的小書店，店裡只有二十四本書，也許批發商未必當妳一回事，可是妳第一次加總叫貨的量，會嚇倒他們。

我的書房裡有扶輪社長、總編輯、導演、作家、出版商、演員、業務經理，雖然他們不是為觀察我而來，但我自作多情覺得：他們可能看到我懷裡有彩蛋。

書房群組三天之內，有著明顯的凌亂，只「准」書話題的規則讓入群部分人快進快出後，留下來的才是鐵黨，也才是一個主題明確群組裡的「有效對象」。

我的人生是沒有計畫的，也從來沒有動人的答案，我是跟著陽光走的生活實踐家，當我覺得是好的是對的，我就大膽揹著空水壺走進沙漠……。一成不變是心理的老態龍鍾。我不斷透過腦內活動，訓練自處、獨處時的自己，也能像一座靈活的動力火車，我希望我始終有能力精進「舒適圈」以外的繪本。

最重要的喜樂在於：書房是我推動閱讀的心志，幫助我圓夢的人又是如此之多。

何不一戀修到老

床頭吵床尾和，冤家夫妻也快樂；先分床再分房，遲早有人會翻牆。

不同的媒體，給我們不同的新世代專屬名稱。

這個世代的我們，總是把恩愛當肉麻，難道不可以反過來想：肉麻就是一種恩愛？只是分寸要對，場合要分，千萬別「麻」到「噁」！害老人之親變成笑話一則。

每個中年婦女都難忘「麥迪遜之橋」，片裡的克林伊斯威特已雞皮鶴髮，梅莉史翠普也幾乎素顏上鏡。他們的精神外遇，最終還是讓梅姊在面對傳統倫理前選擇從一而終，這部電影大概是影迷最希望「拜託妳跟著小王離家出走」的經典佳作，可是正因為衝撞在「家庭」與「愛情」之間的抉擇，這段黃昏之戀才會動人到讓女性垂淚再三。

根據同名百老匯舞台劇改編的「金池塘」，由七十七歲的亨利方達和嘉芙蓮協賓主演，一九八二年獲得奧斯卡十項提名，贏得最佳改編劇、最佳男主角、最佳女主角三個大獎。

奧斯卡七十二歲潮媽影后海倫米蘭、奧斯卡終身成就獎唐納蘇德蘭，攜手主演的「無限露營車」，講述依老顧老的生活，其中幽默又無奈的對白、眼神、事件，舉凡破五十之齡的夫妻檔，建議都去看看。

老人的愛情不是只活在好萊塢經典電影裡。只是好萊塢的老人得天獨厚，有機會在他們都已重疊的皺紋中闡述如此動人的關係。

床頭吵床尾和，冤家夫妻也快樂；先分床再分房，遲早有人會翻牆。黏、嬌、哄、寵，是婚姻四頁寶典，招招管用，招招降魔，沒有這番功夫，就沒有老而彌堅與鶼鰈情深這回事。

換個愛人照樣鬧，不如一戀修到老；婚姻寶典僅四字，美好關係受加持。

近中年時，很多好萊塢電影，撕心裂肺的女角常對伴侶哭喊：你為什麼不碰我？

當時的我，覺得這樣世界末日式的悲愴情緒挺神經質的，後來，老了，明白了：當你和最親密的人沒有身體的接觸，所意味的並不是你的青春熱浪遭遇空虛或不滿足，而是心靈上的連結關係被劃清界線、驅逐出境、徹底切割，很真實的應驗：「兩個人的孤單比一個人的寂寞更恐怖」。這樣的配偶對象，簡直就是討人厭的室友。打開房門就想趕他出去。

人生處處有遺憾；少時婚姻，年輕妻子矜持，常常配合度不理想；資深婚姻，爺們兒老邁，有些歡愉很難到位。

橘年代，樣樣都是最佳狀態，唯有房間裡的事最欠缺「行為能力」，但妙不可言的是：到了這等年紀，性別上很多「行為」和「能力」剛好就是備而不用的裝飾品，縱然夕陽西下無戰事，白髮執手仍有詩。

我用耳朵聽姊妹淘閒話，我用眼睛看公子爺閒事，慢慢長大慢慢懂，愛情激情與溫情，其實都離不開肌膚之親，只是在程度上、溫度上、強度上，會有烈燄狂燒與文火慢燉的分別。

血氣方剛少年夫妻的炙愛是動作片，髮蒼氣柔中年夫妻的摯愛是情境片，愛的傳輸，離不開身體，離不開肌膚，離不開眼神，離不開噓寒問暖，甚至離不開耍耍嘴皮鬥鬥狠。

中年朋友不是大嬸口無遮攬，是世代趨勢允許各種性別都擁有表彰自己需求的擴音機，所以一方面有人鼓吹無性伴侶或無性夫妻是一種幸福，另一方面也有一種焦慮是真實存在的，有人說：「二十年的婚姻，已走向四十多歲，朋友之間都依稀承認，多數人沒有親密關係已經是『長年現象』，雖然這個話題不是大家願意敞開來談的，但是彼此都感覺得到那股怨懟之氣。」

我解決不了問題，我只用提問提醒思考。

1. 為什麼進入無性婚姻？
2. 無性婚姻造成正面還是負面情緒？你覺得輕鬆自在？還是疑神疑鬼？
3. 無性婚姻和分房分床，哪樣比較難受？
4. 分房分床讓你安穩一夜到天明？還是怨氣沖天常失眠？

5. 有婚無性？有性無婚？你在哪一種獨立性中，覺得自己是快樂的水中魚？

人會一夜白頭，但人不會一夜離婚，不管原因如何，我所認識的女性朋友，不管貌如天仙還是才氣縱橫，一個離婚事件，通常都歷經七至十五年甚或半輩子的晾乾期，活生生從一條美人魚折騰成一尾乾鹹魚，但還是不被放生，也不敢自己求生，等到桃花出現再襯出她還是一朵美麗豔花時，不得了，原告打成被告，本來是糟糠棄婦無人問，這下是一腳踩空萬人指。男人好壞喔，女人好衰喔。

別講男女平等，一個站著尿尿，一個蹲著尿尿，就一輩子不可能平等。女人青春一過，可以靠醫美凍齡，可以靠氣質養顏，但是被壞男人剝奪的年年歲歲，熬成湯必定可以苦毒的致人於死，這難道不是無可賠償的不平等條約嗎？特別申明，我在談的是尋常婦女，請別拿去類比豪門式的婚姻。

說句討打話：對於不好的婚姻，我是勸離不勸和的。

強留對妳不好的人，就很像是自己拿個蒼蠅拍交到對方手上，恭請他糟蹋妳。

一個美好的婚姻，也有必然的不足。

如果房裡房外的事都想要顧好，那彼此之間，不分性別，都要懂得釋出黏、嬌、哄、寵，至於蒸、煮、炒、炸，偶一為之不傷和氣。

交集與互動是共生共存的唯一基礎，伴侶之間必須互為績優股，其他都是紅利與股利，股價不必高，但得具備鞏固感情的實用價值，從小處估價：

他會做飯，妳就得會打下手或讚美，讓自己的吃相津津有味……。

妳愛逛市場，他就拿本書坐在攤子上閱讀等妳，不給妳閒逛的壓力、等著做妳的挑夫、還給妳一個悠然怡得的漂亮畫面……。

看電視時挽著也不累，就把手臂套在他的手臂裡，誰累了想先回房睡覺，請不要站起身就留下無言的結局，麻煩簡短的說：我先去睡了……。

注意共眠禮儀，把自己打理的像最初戀愛時的講究，乾乾淨淨，牙膏肥皂香之外，還要有一點語言的蜜汁香……。

年輕時，你有力氣讓她枕著你胳臂睡，現在不靈了，連環住她的蠻腰都嫌吃力，那至少牽著她的手關燈……。

暖男丈夫很像是讓家庭無煙硝味的策展人，識貨又識相的妻子則很像打亮幸福的聚光燈，當然，兩人角色對換也會功能依舊，如果一拆兩散，難免各自黯然，所以紅花綠葉配，相得益彰美；婚姻既然存在了，就認認真真弄好她、搞定她，只要心在情在，任何力有不逮的事，都可以透過其他方式做情感的表達與修飾。

婚姻裡的感情，保鮮很難，防朽可期，只要在不同時間，不同年齡，我們學會自寫軟體，研發進階版本，就有機會在濃度強度趨弱的非激情年歲，建立理想共享的新黏度。很多的溫柔比鳥頭牌精壯關係更讓女人青睞。

「晾」著妻子卻不離不棄的男人，是壞中壞。

「冰」在寒舍卻苦守苦等的女人，是傻中傻。

壞人治不住，傻人喚不醒；身邊還有人可牽手的老哥老姊，請回味一下陶晶瑩那首「姊姊妹妹站起來」，歌詞裡有很完美的兩性經營術。

就算你個人是滿分，但好婚姻是要靠一點運氣的，如果病入膏肓了，就逃命吧！如果還在「尚可」中，請繼續努力，感情是可以灌溉的，加加減減磨磨蹭蹭，就有可能老樹長新芽，四季都開花。

愛要長久，發心的溫柔一定要夠。

當我們（夫妻皆然）身體老化了，我們還是需要有肉體關係的。因為好的愛情，確實活在每段年齡的不同期待中。

但壯年之後，男人多半懶到害人害己，他們口不肯說，手不肯摸，胳臂不肯抱，習慣把對方的心甘情願視同理所當然，這樣日子大家都在將就過，完全是自廢武功，阻擋可以輕易入門的快樂。

老而彌堅與鶼鰈情深，屬於實踐字眼，祝大家都懂得付出，哪怕能力只夠虛晃一招，也因多情可以做到博卿一笑。

附註：如果做妻子的敢把這篇文章拿給丈夫看，我給妳婚姻的評分是甲，如果你們還很有樂趣的相互討論調侃，那你們婚姻的品質就真的是甲上了。

夢會發芽變彩虹

人的一生，時時都有歸零的需要，只要願意把自己歸零的更徹底，就更容易學習成長。

你還做春夢嗎？

註解：春風滿面繼續追夢，謂之春夢。

春夢不曾窘，髮霜血氣猛，天空雲飛揚，嫗顏塗彩虹。

如果年少夢未竟，到有點年紀有點閒的黃金歲月，只要願意加把勁，渴望的，無一不會成真。

那年，SAAS 肆虐，我們在國父紀念館開放庭院喝下午茶，林青霞突然說：「我來開個專欄好不好？」我還來不及表達我的驚喜，她自顧自地說：「專欄名稱就叫『我是一片雲』？」果然，這只是一場空歡喜，她終究回到香港拍她的戲，我也在我的職位玩著老把戲。

後來，戲不接了，孩子大了，林青霞真的開始寫文章，一年一篇，指定在元旦一月一號刊出，那時，她只寫環境事物，我印象最深刻的是「一朵小花」，她寫一朵從石縫裡蹦出來的小花，非常引人入勝，從小花，我看到屬於她的觀察力、感動力，以及她在這樣脈絡上透露的思維哲理。

她不是我認識的青霞了，這是我當時的直覺感受。

年年等她稿子都等到肝腸寸斷、發瘋燃眉；她稿子出手，至少持續修改十遍，有時索性打電話來一句一句核對，連標點符號都要斟酌的問我：「逗點在這，段落的意義就會不一樣……。」然後，我得陪著她磨菇到她認為最沒有瑕疵的地步。

接著，她真的在香港明報開了專欄。她的專欄，都是在台灣、中國、新加坡同日見刊，而且不假他人之手，一一親自聯繫，像個情報頭子似的，她一次一次叮嚀：「不准偷跑喔！說好同一天見報的。」

她的作品密度開始多了，而且開始寫人物，再也沒有時間像剛開始那樣要求我們每讀完一篇文章都要以 EMAIL 回覆「閱讀心得」。在簡訊往返中，她的話題對象擴大很多，也常常跟著中港台的大作家、大藝術家，進行全世界的深度旅行。

林青霞再也不是銀幕上的曠世明星，曠世明星的定位，已被她自己培養的新容貌、新形象、新年代覆蓋了，而她，喜歡這樣的自己，在出書的時候，她的興奮之情確實壓過她對電影票房的關心強度。

如果林青霞只是繼承別人書寫她的光環，那她就永遠只有一個明星或演員的生命歷程；寫作，改變她對自己與生活的滋味，加上周圍都是大師等級的新朋友對她進行一對一教學，林青霞已經具備最高學府的同等學歷。

恢復做一個有程度的自然人，遠比做一個有高度的偶像，更能讓自己身心健康，在囚禁心靈日子裡讓她傷心的事，現在都成為可以陪著她一起笑的無傷八卦。

自由，寫作帶給林青霞的是無邊無際的自由。

耕耘寫作，林青霞花了十年時間，才有今天的成績。

不繼承光環的另一個人是「香格格」夏玲玲。

夏玲玲退出影壇時，愛夫曹啟泰經商負債，遠奔他鄉打拼，她一個人帶著三個孩子住在新加坡，因為兒幼無財，她怕自己突然有個什麼閃失，所以家事鉅細靡遺地做妥文字紀錄，任何能書寫的地方都是她密密麻麻的筆跡，早早準備好：萬一有什麼事，孩子可以跟爸爸交代。

一切好轉後，夏玲玲搬回台北。

她，在松山區念了四年空中大學，不遲到早退，不請病事假，準時交作業，有一次她在我家歇憩一下，就說要趕到學校去：「老師給我作業九十八分，我必須去要回那兩分。」

老師的說法：「妳的作業是沒有瑕疵，但依我的習慣，九十八分就是滿分。」

但夏玲玲堅持要求：「如果找不到必須扣分的地方，老師就應該還給我一百分。」

為什麼這麼在乎兩分或一百分？

「我小小年紀出來掙錢，一輩子懊惱自己沒有機會多讀書，等到讀書的時候，我比模範生還認真，我不會和別人比，但是，我要還自己一個公道，就算年紀再大，時間再晚，既然有機會念書，就一定要把書念好，絕不能絲毫打混。打發時間的好玩事多著呢！何必折騰自己到教室裡找罪受？念書就是快樂嘛！」

空中大學拿到同等學歷不夠，夏玲玲現在又到淡江去修碩士。以前的事業，是掏空自己，現在的學業，是充實自己。耕耘讀書，夏玲玲花了十年時間，才有今天的成績。

這不是換跑道，這是逐夢；在老青春的當下，不管築夢還是逐夢，是不是都特別動人？

春夢最好，周丹薇也美夢成真。

她學鎏璃的時候，我不僅不敢鼓勵她，還有一點為她緊張：「會不會起步太晚了？妳經濟又不是特別富裕……。」

「沒辦法，這是我的夢。」

跟著日本老師學鎏璃，每星期跑到豐原、士林上課，人被高溫曬傷燙傷，沒怨，沒悔，沒放棄。

兩年後，她參加十全十美藝人聯展，再兩年，她和日本老師舉辦聯展……；希望無窮，前景光明，她居然又飛到義大利去學了半年鎏璃，想要堅定個人的風格。

去年，周丹薇果然開了個展，雖然作品已有市場行情的規模，但清算下來，只是跟學費損益平衡而已。

她停不下來了，現在去上EMBA。

耕耘藝術，周丹薇花了十年時間，才有今天的成績。

不為事業、不為職業，不為學業、不為志業；就算單純的為了娛樂玩樂，也有春夢成真的實例，有人真的把自己玩出一朵花來。

早年資深製作人翟瑞瀝，因為貌美如花，始終是時尚界的話題。

她台大畢業，富裕無虞，畫了一手好油畫，也讀了不少經典書，但遺憾的是聲音雖優美，唱起歌來卻是道地左嗓子，朋友笑稱她是正宗版「走音天后」，她不怒，加入自嘲。

每個星期，她從敦化南路開車到新店老師家學唱歌，每週二次，一次二小時，五年算下來，練唱了一千多小時，練會的歌還不到十首，而且每次開唱，都會出現難以複製的荒腔走板，我們說：「老師選的歌路不適合你。」她說：「不能怪老師，歌都是我自己選的，而且我堅持唱我選的歌。」

因為笑果太好，大家都搶著為她開演唱會，我住的社區有很棒的演藝廳，我說：「妳來唱，我幫妳借場地，不過等妳唱完，我大概也就該搬家了。」另外的朋友則說：「鼓掌大隊是可以拿鐘點費的，我在門口發三百元當入場券，所以妳唱歌一定會受歡迎的。」

翟製作自視有無限胸襟逗樂大家，所以不但經得起消遣，也很喜歡這樣的眾星「拱」月。

最近的某年某月某一天，我接到一個大朋友的電話：「小翟為我先生畫了一幅很棒的寫生，所以揭畫典禮當天，我們就順便為小翟開演唱會……。」

為了讓天后有所表現，主人特別請了一個高檔琴師，不得了，再高檔的行家，因為沒有和走音天后搭檔過，在琴藝上的導引簡直就是來亂場的，把我們的天后撥弄的加倍魔音穿腦，可是，這樣的水準，帶來的不是惱怒，是更多掌聲的溫馨。當天的翟瑞瀝，益加美麗。

耕耘「抖音」，翟瑞瀝花了五年時間，才有今天的成績，雖然是原地踏步、雖然落點凌亂，但至少真的在餐廳喜宴廳開了演唱會。

我離開新聞工作，不願意繼承過去，所以婉謝做名嘴，婉拒寫明星書，我知道我的最愛就是寫字，而且只想寫我和生活的關係。

耕耘「寫字」，我花了十五年時間，才有了《此刻最美好》與《我微笑，但不一定快樂》兩本書。

誰說五十半百只懂吃喝玩樂？我們變得更有毅力，更全力以赴去完成夢而未竟的事。

不要做墨客騷人，不要嘆懷才不遇，人的一生，時時都有歸零的需要，五十歲和更老之後，只要願意把自己歸零的更徹底，就更容易學習成長。

讓自己的夢發芽吧！春夢等著你，春風滿面的夢在等著你，春風得意的夢在等著你。

社交涵養是禮貌

建議：調侃自己比較風趣，可以讓人看到大度與自在，消費他人的說笑，讓人看到的則是寬厚不足。

建議：如果允許別人也有做主角的機會，你的粉絲會更多。

建議：知所進退，讓安靜成為引人注意的好感；不要搶角色，往往，你的安靜反而會吸引到目光。

建議：醉後，有人耍寶搞笑大受歡迎，有人會被懶得理會丟到路邊，請選好自己的酒態酒品風格，免得AA制的飯局自己會被刷除名單。

建議：交新朋友不必操之過急，有些新對象是主人的至交，卻是自己一輩子的點頭之交，不要毫不認生的嗡上去，人家會害怕的。

建議：輕聲細語是友善溝通的首要基礎，而且不要佔地為王，三分地也一寸不讓的霸氣是很傷和氣的。

建議：傳訊只能列為偶發事件，如果目的是維繫友情，請牢牢記住：一句話的書寫勝過一百封罐頭圖檔的溫度。同時，轉發的內容至少自己確實閱讀過，不要做發訊機器人。

結論：告狀是人性裡最直覺的反應，但是，多數人都更想安慰默默承受的人。

結論：仁慈善良是一種能力，但仁慈善良也確實是一個人願意無條件照顧別人的選擇。

結論：小善累積大名聲，你想成為怎樣的人，就該具備怎樣的特質，關鍵時刻，你曾挽袖相助的這些零零碎碎友善鎖事，很自然水到渠成的成就了你的眾望所歸。

結論：作為一個優質傾聽者，不要加重傾訴者的頹喪。同理心是一種深刻的溫暖心，可以幫助受苦者重新審視羅盤定位，軟化心裏結痂的傷口。

結論：好人緣不是來自迎合，是來自願意設身處地顧全他人的感受，你在乎，就做好這一點，你不在乎，那自己喜歡自己也就夠了。

結論：經濟實力劃分生活階層，富人厭貧人，貧人嫌富人，然而好好端莊的活著即可發現：蓄意高攀的人並不多，刻意屈就的人也很少，只是在追求真心真意的日常區塊裡，一個不修邊幅的人跟另一個佩戴鑽飾皇冠的人，是同等價值的，只有這樣的他們，才會是白頭偕老的朋友。不是老了才不會在乎江湖恩怨，是老了，走過了，反省了，才懂得在乎江湖恩怨根本就是年輕生命裡的多餘消耗。

「人在江湖」這四個字會不會有點暗藏悲情？此刻的你，就算還有工作、還要討生活，就算也還「人在江湖」，敢不敢跟「身不由己」決鬥？卸下長長久久背負的枷鎖桎梏！

好的社交態度，是禮貌，是涵養，不是虛偽，不是應酬。出門見人，敘舊算社交；連關門在家都是社交型態之一。你是一個讓人舒適的配偶伴侶？還是當你雲遊不在家時，才是對方哼小曲的快樂時光？

如果我們總是繃著臉在家過日子，對家人就是無言的虐待。有人「真」討厭～「討」伐如嗜，聞聲生「厭」。

1. 自以為幽默的人，常常藉用刻薄別人達成自鳴得意；在座，有人不以為然沉默，有人暗自竊喜觀禮，如果犯行重複不知悔改，終會讓餐桌上的圓桌武士拔劍除惡，按捺不住跳出來對慣犯連轟三炮，運氣好，大家合力轉換氣氛，運氣不好，大家搖頭不歡而散，完全不值歡樂一場的時間金錢感情付出。

建議：調侃自己比較風趣，可以讓人看到大度與自在，消費他人的說笑，讓人看到的則是寬厚不足。

2. 總把自己當焦點，其他人都是粉絲。

別人說話你拼命打岔中斷，但你說話就像元旦演講一樣的重要，必須凝神觀賞直播，停止一切交談。

這是相對的社交禮儀，要求得到尊重就得先做到對人尊重。

人家可以把你當長官，但是，你可不要把在座的都當部下。

別人可以把你當偶像，但是，你不要以為他們就是死忠的粉絲。

建議：如果允許別人也有做主角的機會，你的粉絲會更多。

3. 到處蹭，蹭人、蹭話，還沒道理的蹭在一字隊的中間照相，讓人家裁都裁不掉多出來的你，只好等你蹭到別處，再重新補拍一張。跟著亮光走，有時剛好顯出光不足的黑臉與陰影。

建議：知所進退，讓安靜成為引人注意的好感；不要搶角色，往往，你的安靜反而會吸引到目光。

4. 每喝必醉是屬於你自己的豪邁瀟灑，可是每醉必魯，實在讓貼邊坐的人痛苦發瘋。一個晚上，一件事重複二十次，一句示好的話說十次，一個水杯碗盤打翻三次。

還好，這個年紀的唯一長進是：不會再像少年愛情高潮期，常常酒後狂哭，不哭到抽搐地步不罷休……。

建議：醉後，有人耍寶搞笑大受歡迎，有人會被懶得理會丟到路邊，請選好自己的酒態酒品風格，免得ＡＡ制的飯局自己會被刷除名單。

5. 有時怕失禮，稍微瞭解一下初次見面客人的背景也理所當然，但是請點到為止，又不是在戶政事務所加班，不要整個餐敘裡忙著問張三李四是幹啥的，難不成一場普通聯誼餐也要列名造冊？

建議：交新朋友不必操之過急，有些新對象是主人的至交，卻是自己一輩子的點頭之交，不要毫不認生的嗡上去，人家會害怕的。

6. 喜舉正義大旗，訓示專業行規。這些凜凜之語，肅殺態度，或許言之成理，打官司時也確實站得住腳，但是在溝通的流程裡，扎耳扎心，就平民社會的生活小事，這樣交換意見的方式，很容易就招致關係崩塌。

建議：輕聲細語是友善溝通的首要基礎，而且不要佔地為王，三分地也一寸不讓的霸氣是很傷和氣的。

7. 發訊上癮的清明節快樂與早安晚安，歷經十年也已經麻痺得可以接受了，最恐怖莫過連七發、連十發；不讀即刪是看得出來的紀錄，為什麼還是不能停止呢？老之寂寞無聊，人人有之，但排遣方式很多，不要做電子郵差，久了，空有門號，無人收件，嚴重的，造成人家乾脆直接拉黑。

建議：傳訊只能列為偶發事件，如果目的是維繫友情，請牢牢記住：一句話的書寫勝過一百封罐頭圖檔的溫度。同時，轉發的內容至少自己確實閱讀過，不要做發訊機器人。

有人「好」討厭～「討」人喜歡，百看不「厭」。

1. 話不多，可對談。

說到已發生且在進行中的委屈，如果過度喊冤，冤情更難洗雪；但是言語溫溫，表情淡淡，不喊冤，不惡言，簡單說完痛，讓人感同身受的心疼不已。

結論：告狀是人性裡最直覺的反應，但是，多數人都更想安慰默默承受的人。

2. 熱心助人，從不邀功。

聽聞公益，自動有備而來，所做所為不求彰顯，不露臉、不露名，只會說：謝謝你們給我機會。

有人相求，公私有別。

益於眾生之事，因為範疇廣被，能者甚多，自己量力而為便是。

益於情義之事，多與私交親者有關，你可能是唯一寄託者，必須盡力而為。

結論：仁慈善良是一種能力，但仁慈善良也確實是一個人願意無條件照顧別人的選擇。

3. 鄰里有事，即便陌生，不曾打過交道，也會跑到停車場為漏電車打電、教學家電維修、協助安裝燈具、分析爭議時毫不偏頗，這樣的鄰居，可以讓社區的價值整體提高。

結論：小善累積大名聲，你想成為怎樣的人，就該具備怎樣的特質，關鍵時刻，你曾挽袖相助的這些零零碎碎友善鎖事，很自然水到渠成的成就了你的眾望所歸。

4. 不知其中道理處，卻能抱以同理心，誰都該學交談藝術。不舌尖不吐恭維話，齒間不留奉承語，順話順解，提醒思考方向，不作武斷評論，這樣的人，縱然沒有高深淵博學識知識，卻是良師益友極品，能陪伴，能解惑，能緩和他人內心痛苦事樣的翻騰。

結論：作為一個優質傾聽者，不要加重傾訴者的頹喪。同理心是一種深刻的溫暖心，可以幫助受苦者重新審視羅盤定位，軟化心裏結痂的傷口。

5. 討人喜歡不是行為雕塑，是心念養育的反光，映照出非常本能的應對態度。

他的訴求目的不是想要「受人歡迎」，他所在意的只是「不讓別人難受」，這和本世紀鼓吹「對自己好一點」的高調自覺，並不抵觸，我們都可以輕易做到。

結論：好人緣不是來自迎合，是來自願意設身處地顧全他人的感受，你在乎，就做好這一點，你不在乎，那自己喜歡自己也就夠了。

6. 也許是因為撐得起場面，也許是因為吃得起大虧，但居高的謙卑，不是譽在慷慨大方，是貴在眾樂分享勝過獨樂之心。

謙卑的人不炫耀社交上的富賈四方，且喜隆重介紹平凡朋友之不凡雕蟲小技，誠心也誠懇，與之相處，宛如在卸壓艙裡吸純氧，舒適健康。

結論：經濟實力劃分生活階層，富人厭貧人，貧人嫌富人，然而好好端莊的活著即可發現：蓄意高攀的人並不多，刻意屈就的人也很少，只是在追求真心真意的日常區塊裡，一個不修邊幅的人跟另一個佩戴鑽飾皇冠的人，是同等價值的，只有這樣的他們，才會是白頭偕老的朋友。

我們常常把「人在江湖」拿來推諉自己的「不得不」。

但是，誰管誰是迫於「人在江湖」的無奈？誰又願意以「不得不」的理由釋懷對方讓自己不舒坦？

不是老了才不會在乎江湖恩怨，是老了，走過了，反省了，才懂得在乎江湖恩怨根本就是年輕生命裡的多餘消耗。

咱們一起來討厭吧！但是要選「真討厭」？還是「好討厭」？想清楚！

業。

用力學習用心玩

我們是自己生活的捕漁人，探測、認識、豐富心靈海域，永遠是最重要的家庭作業。

飯團、歌聚、插花、書法、讀書會、旅遊……這是咱們這個社會老中青的生活模組，不管分配比例如何，加總起來的團康活動常顯得連結密度太高，即便開心進出，未嘗不會造成一些負擔。

想來彼此都聽過：「吃得好累」、「玩得好累」、「不好意思不去參加」、「其實有點膩」。

任何火力十足的上班族或退休族，似乎都在有趣的生活中，「相當有感」的陷入疲於奔命；而且，每場考量「經濟實惠」的參與仍積少成多，「月結」下來也是一筆定期定額的高消費。

很多人擔心拿掉繁忙作息的主軸會讓自己被邊緣化，也隱憂縮減社交互動會導致知心朋友的離散，其實日落倍增彩霞美，在彼此簇擁的美好歲月中，適度休息和新的學習，才是化乏味為趣味的調味聖品。

活著就要動，動有肢體的運動、思想的翻動、群體的團動、獨自的心動……，我的生活奉行一些自娛也自勵的技法，以捕魚心情網羅可以優化生活的點點滴滴，讓自己的心靈池塘充滿水族館的繽紛，沒有波瀾卻也壯麗。

少壯可以用「勁」玩，到拿敬老卡就要學習用「心」玩。

一年分四個波段，每三個月是波段週期，在日週月季的循環中，試著把每一樁私生活的真知、每一個私領域的灼見，凝結出一朵美麗的花。

大堆頭的吃喝玩樂是狂放的嘉年華，然而狂喜之後，還是要調配與擅用幾乎零消費的空閒，做些成就自己的功課，這些功課也無須在意是否被人看見。

我默守自己的新思套路，好讓自己日新又新，以寫日記、寫週記、寫月刊、寫季刊的「四」個時間段落來規劃「一」貫預期完成的例行行為。

但是這個「寫」不是「寫」，是一種自我玩味與開發，以一種紀錄推動自己「類獨處」的生活方式，很像浮水印的隱藏宣言，一方面避免自己太沉溺團體生活，一方面又在孤鳥獨飛中貼近自己在乎的人事物。

寫日記是本世紀最大的文字復興運動，幾乎全世界的人都在寫日記，寫在臉書，寫在IG，寫在事不關己的留言欄，寫在所有通訊軟體上，既然這麼愛寫，不妨更認真一點的寫吧！

每天為自己下一則標題。

用一句精準貼切的話，把自己生活的感悟書寫一則標題，記下一天當中最能讓自己亮睛亮耳的事情或感情。累積一個月三十則標題，必然可以翻閱出自己生活的品質，也能明白哪個朋友最能影響自己。

當然，翻閱的總結如果是千篇一律，了無新意，那就可以問自己，喜歡這樣的生活嗎？還有追求生活美學的他種可能嗎？

開一個只有自己的群組。

在手機裡開一個只有自己的群組，遇到好的文章、網路連結，先一一下載儲存到這個私人群組，然後每天定點時間開放閱讀，並把這項行為列入早晚進修課外讀物；其他時候，就算很閒，也不要掛網，更不要把自己綁死在公眾群組上。

離開掛網，每天會多出很多時間，順勢就會有行動力去撿拾不該被忽略的正經事，這才是活化自己記憶的有效方式。

訓練自己提增甜度。

對身邊的朋友做一件事說一句話，讓友情得到受益的增長並不難，難的是對家人總是失之剛強、僵硬。

姻親血親的家族生活一旦陷入「太習以為常」，就失去甜美的題材；因為「甜美」不是時時存在隨手可得的，我們得加倍訓練自己提升「甜美」這種「充滿愛意的創意」。

童子軍的日行一善，是一生都該貫徹的習慣。

每一個家人都該扮演甜心角色，讓親情得到滋潤與鼓勵；東方文化會訕笑西方文化把「我愛你」掛在嘴上。

如果西洋式的情愛表達太口語？太膚淺？那又如何解釋東方家庭的失和常常伴隨著怪異的寧靜？

疏離式的沉默會瓦解很多眷侶親情關係。

美好的甜語蜜語才是強大的魅力行為。

「我愛你」太難啟齒？那就運用替代語，只要你肯釋出善意，你就會知道怎麼說。

灌溉情有獨鍾的性靈知交。

每週從朋友群中選出一個情有獨鍾的對象，認認真真見面聊天或電話聊天，不可趕攤不可急促。

人，到底能有多少個住在心裡的知己呢？一對一的見面才是扎根的交流。

一年五十二週輪流相見，重疊率與密度都不會太高，彼此不會疲倦，話題也可深刻，如果因此「穩住」、「網住」一片情，就是天長地久的忘年知交。

以「團」為伍不是抱團養老的唯一途徑，人性的真相是：一次交心勝過十年團拜。

友誼的進行式要雙線並行：既要享受大群的蜜友同歡，更要專注經營非他不可的知己。

把電影院納入學習作業。

蹺著二郎腿、穿著睡衣、吃著零食、敷著臉，甚至還滑著手機說著電話，在家萬中選一看便宜而且畫質不差的電視電影真的很舒服，但是首輪院線每星期新上檔中西電影約十二部，還是選一部電影進戲院看吧！

不管是單純的娛樂，還是想讓心靈得到點啟發，在戲院暗室裡觀影，氛圍使然，更專心，更溶入，更被觸動。

一部電影跟一本書一樣，不必奢望滾瓜爛熟無限吸收才對得起自己，只要一句對白一行金句叮噹閃亮，就可能過渡一個複雜無解的情緒，就可能激發一個始終被忽略的機智。

電影是撩撥生命感應的「行動劇」，一群人用一個巨大的構思智慧完成一個事件的呈現，觀影中感同身受的部分，很可能就是一個觀眾內心需要被理解之心情故事的投射。

看一本書跟看一部電影都是生活必需品，不是奢侈品。

盤點為他人付出的能力。

不必強到做偉人，不必好到做善人，但至少可以做到：在食衣住行俱足之餘，是不是有什麼可以無損自己卻能貼心分享的？

在秋冬換季的時候，需要被照顧的苦人與弱勢團體何其多。可堪運用的衣服、家電、罐裝食物、桌椅凳几、金錢上較為寬鬆的結餘，用不到的都快快送到可用的單位門戶。

家庭的清倉並不是單純的你丟他撿。自家物件送給貧困清寒，絕不是單純的打發施惠，要整理，要篩選，要心存慎思，潔淨無損的東西送到需要的人手中，才能產生真正的溫暖。

跟遺憾往事言和或告別。

問自己，有什麼可能產生誤解的人事懸而未決？

有什麼既成事實卻仍有機會加以修補挽回的失誤？

有什麼錯過的選擇是可以重來一回的？

那些曾經讓自己不知如何進退的人事物，納入年終大事，大胸大度的問安化嫌，對方接受善意，多得一友，對方若拂袖依然，也無可遺憾。

舉凡對自己心念形成重量的事，不管何其輕微，想到了，就要讓他高高舉起或是輕輕放下。

握手，不一定言和，但是，不要連試都不試；如果言和無望，那就告別往事吧！

我們是自己生活的捕漁人，探測、認識、豐富心靈海域，永遠是最重要的家庭作業。

兩個Po婦在聊癒

每位女性都該有幾個可以跟妳一起「罵良人」的朋友，因為罵過癮消完氣之後，只要自己有一點點良心，就會打心裡認知與認錯。

我在文藝活動營結識了一個忘年之交，現在，我們是莫逆之交。

那次活動我是講師之一，但是在別的高知名度作家講課時，我一定場場出席聆聽。

有一天一堂課結束後，她從前座走過來到我面前，一種悲傷的情緒在哽咽耳語中沸騰，我拍拍她肩膀，也算是用國際共通的肢體語言表達了我的理解；下一堂課之前，我蓄意經過她，把一顆鳳梨酥放在她桌上，我無言，她也無言，但是，友誼大概就這麼簡單的開始孵化了。

文藝營結束後，一南一北，我們彼此互通簡訊；但那是我最忙碌的一段時間，到處演講，一般簡訊只能瞄一瞄，無暇回覆。

顯然一切都是最好的安排，正因為那個階段的我只有時間傾聽，才能不打岔的讓她有完整時間，說完自己年少時不痛快的故事。

這之後，我們的話題都是開心的。

對於再好的朋友，除非你願意或需要傾訴，我從不提問，這個態度有人認為失之關切、反應冷淡，以致，我有可能錯過一些值得深交的機會，相對的，這個態度也有人認為海納百川、包容萬象，因此在相當程度的安靜中，會有人理解我對人與事因尊重而不願輕易過問或置評的保守。

她喜歡看心靈成長書。所以修養好，個性低調。

我喜歡看身心勵志書。所以紅塵無難事，搞笑心情看天下。

友情有點像愛情，也是要因緣俱足。

不到一年時間，我們交談已無拘泥。

因為回高雄的地緣關係，我認識了她的家人，她認識了我先生的家人，一直以來，只要認識朋友背後的家庭，我心裡就覺得特別安全。

剛開始，咱們像比閱讀量、賽作文，瞧她寫的：「甫走出余秀華孤獨的小徑，旋即步入鍾文音的《別送》；夜訪榮格，分析心理學的神祕花園，日夜　讀質性的反差，我快忘了我是誰。」

接著，談到家務事了：「工作家務之餘，盡量讓自己埋於書頁，深恐被疫情情緒掩沒，避免也有管不住而爆粗口的可能，超仁（她的先生）總適時幫我按下開關，要我回歸尋常日子拖地板、吸地毯、洗衣服……。」

他們伉儷，上下班同出同進，同辦公樓層，下了班共食共眠，二十四小時不打烊，一個人的時光多奢侈啊！

在兩個休假日她用爽字形容現場：完全屬於一個人的獨處時光，忙完家務，沖個澡，給手腕按點 Chloe 香水，給頭髮噴點 CHANEL 髮露，享受一下一個人的香香。一盤玉米粒，一個烤土豆，半顆火龍果，幾顆葡萄，一杯咖啡，就是豐盛的午餐；平常不抹香水，平日也不能如此的吃法，今天明天各有完整的的八小時獨處時光，就是一個爽字可喜。

說到這，我就俗性大發，立刻心事全洩：我多慘啊！兩個人二十四小時綁在一起，還以為我跟他是軍中袍澤江湖兄弟呢！

低調優雅明理賢德是要靠一定的時空環境保值，非公開場合（三五成群也算私下）女人只要一談到丈夫，就會轟隆隆的雷電交加。

以下，為了保護彼此，就不標示誰說了什麼抱怨婚姻配偶的話，但是相信女朋友們都會很想加入這個聊天主題，而且還有可能誤會我們正在談你們家的先生，因為，天下的丈夫都是一樣的……。

午夢醒來愁未醒，就來聊聊「靈魂伴侶」吧！

「我細心、貼心又浪漫，很小就開始讀小說，更助長了對愛情的憧憬；只不過想要一個浪漫而稟性相契的人為伴竟這麼難。老天爺送給我一個老實的木頭人，什麼事情說得清清楚楚他也未必能聽得明明白白。一個眼神，一個肢體語言，很容易懂的，他卻永遠不懂，良人何用？」

「凡間，也是煩間，要找個靈魂伴侶，談何容易啊！」

「愛過幾回，走著走著就不耐煩了，後來的結論，我只是愛上愛情罷了，未必是愛上一個人。」

「我喜歡攬著責任與義務，老是不放心自己對對方的好沒有好到極致，所以不是強人卻被認定很霸氣。」

「愛情過程裡有十分能力卻非要付一百分的人，到最後就死在『我是為妳好』上，連『服務』都好像是為了『控制』。每次我都選擇走開，但是承認自己是棄婦，不是嫁罪於人，是讓他們有贏家風采。」

「都是來陪我們演一段戲的。也許很多人不懂得欣賞我們的特質，我們只是動作大了點。名望財富權力地位對我都沒吸引力，我只要一樣，跟你在一起，你會逗，我會笑。難嗎？在兩人世界，男人對我怎就小心翼翼的毫無創意，可是又都不肯離開。」

「我也常悶得不知如何是好，淡薄名利又知足，偏偏他就是這麼不入心，我們也許都屬於那種被賣又會幫忙數錢的人，但無論如何，我深信傻人有傻福。」

「最會逗我笑的那個，最後讓我領悟他的名言：『台北哪有老虎？老虎，早就被豬吃光了』，所以，我可能有母老虎的武林名聲。」

「來到我們身邊的每一個人，都是來教我們功課的，教完了就離去了。」

「我不喜歡伴侶只是勤務兵、工具人、大娃娃，就像忠心的聖伯納救難犬一樣，妳跟他撒嬌，他也是一雙無辜眼睛看著妳，生怕我們不高興會斃了他一樣，有時我都恍惚自己性別倒錯。」

「到底是他們慘？還是我們慘？」

「好像都很慘，妳我大概都內傷已久。」

每位女性都該有幾個可以跟妳一起「罵良人」的朋友，因為罵過癮消完氣之後，只要自己有一點點良心，就會打心裡認知與認錯：如果他不是一個良人，如果他不是一個寵妳的良人，由得了我們「Po婦罵街」的放肆嗎？

告訴妳婚姻真相：沒有女人嫁對夫，沒有男人娶對妻。

他肯疼妳、寵妳，就算笨拙無趣，這獨有的安全性，已足夠讓妳遠離生活大災難的危險。

王素琴，我們以後不要再罵他們了，反正也罵不出一朵花來。

Chapter 4

精彩女人
懂選擇

想起姊姊紅眼眶

親人之間真的沒有虛情假意，可是，有的時候，還是需要其他事件來佐證我們是何其相愛。

爸爸是軍人，但一點都不大老粗，對媽媽從來沒有大小聲過。他對她是勤務兵服侍千金大小姐的唯命是從，但是我們心裏明白，真有個什麼事，爸爸說了才算數，媽媽常支使爸爸這兒爸爸那兒，但偶爾爸爸臉色不好看時，媽媽連走路都小心翼翼的像貓兒一樣輕巧安靜。

爸爸說，一個家就要像一個花園的繁茂，媽媽只要搧扇子看美景，至於除蟲、剪枝、拾葉、施肥，都是男人家該做的事，有一個好園丁，就會有一個美麗的花園。

我是家裡的解語花，因為老么注定是取悅哥姊爸媽的角色；有一半的個性像爸爸，凡事在乎家人的感受，非常喜歡和家人分享生活面向裡美好的一切，表達感情的方式也熱烈與直接，多數時候我是善解人意的，而且也很自然很願意說甜蜜的話讓人開心。

因為家庭當似快樂花園，所以在我們家三個女兒有男朋友的時候，爸爸最關心的問題是：「他的爸媽感情好嗎？」那時候的爸爸深信什麼樣的爸爸就會有什麼樣的兒子。

在那個有體罰的年代，爸爸也是會打孩子的；但他打孩子一向有步驟。「趴下來！」他會要我們趴在床邊，用掃把棍在多肉的娃娃屁股上「打一頓」。還問：「痛嗎？」

當然痛，含淚小臉痛的只會點頭。

爸爸說：「會痛就會記住！」

之後的幾天，爸爸就會不停的找理由抱著我們哄一哄寵一寵。

我自幼屢因一急就氣爆失控，被爸爸修理過很多次，爸爸一再說：「生氣的時候不要說話」；而我能做到的是：生氣的時候立刻離開現場；這樣，至少在社會上或朋友群中，我不曾有一發不可收拾的紀錄。

但是在家人面前，有些重複的擔心會扭曲我關心的面貌，明明是溫暖的支持有時會脫軌變成嚴厲的批判。

愛，為何就這麼的矛盾與衝突呢？有時，我真的很討厭自己的雷雨個性。

人生翻船時，我投靠二姊，在她家養傷三年。癒後，她從不提我的過去。

有一次公視拍我的電視專輯，一向不擅言詞的二姊，竟讓我意外地同意公視出機訪問。

現場，沒有題目，沒有提點，沒有預排，一切都是實境、實問、實答，她面對攝影機，所有應答完全沒有思考空隙，自始至終都是帶著笑容的眼淚汪汪，回憶我不如意的點點滴滴時，曝光她為我擔心而暗藏的折磨。

親人之間真的沒有虛情假意，可是，有的時候，還是需要其他事件來佐證我們是何其相愛。

於是，學習表達是我們終己一生的重要功課，不但要反覆操練，更要更新升級，要把愛釋放在所有可以傳遞的眼耳口舌之中，好讓心真實的去感覺、感受、感應到。

前年接獲金輪獎通知我的報導作品入圍特殊題材項目前三名，兩個姊姊陪我到圓山飯店頒獎現場。

大姊換到我前兩排的座位說：「等會兒宣布得獎人時，方便我回過頭來拍妳走下階梯的畫面。」

大姊，七十二歲，跟我一樣是路痴、是捷運公車盲、當然也是手機傻瓜，可是她很認真地先想到：我要在我妹妹榮譽時刻，幫她拍相片拍影片。「以對方的需要作為行為的選擇，哪怕自己並不擅長也願意盡量努力做到」；照相這件事，在我心中留下的就是愛的證據。

在台上致詞下來，給姊姊看我的獎座。她紅著眼眶，淚珠滾動。

紅著眼眶的姊姊、姊姊的紅眼眶，是心疼、捨不得、以妳為榮的情感影像化，這在別人家也許不是故事，但在我家，尤其在我心裡，那是一個可以支撐感情厚度的另類語言。我熟悉，是因為我始終綁著對爸爸的想念印象。

五十五歲之後，我開始修正對家人的依賴，我並不喜歡這些蓄意的降溫，但是如果我一直把原生家庭當作生命的軸心，也許，越老會越趨於我對自己、對家人的情感綁架。

想起姊姊們的紅眼眶，我想我原生家庭的幸福也是非比尋常的。但是原生家庭的幸福，究竟是不是擇偶的可靠依據呢？世界變了，其實我已懷疑有這樣的關聯性。

寫作不是體力活

所有的創意工作，好像的確以文字寫作最不受光陰摧殘。

我能寫作到幾歲？這個問題很可怕，好像是在問自己能活到幾歲似的。寫作不是體力活，我的擔心只是我快節奏個性對自己的折磨而已。

喜歡寫作的人很多，我遭逢好幾次被問到，怎樣才能出書？

我只能粗列幾個出版社給他們，告訴他們：這些出版社接受訂單，可以照你自己的意願編輯、訂印量、版權頁有國家圖書館編目資料，但是不一定會上架，也就是不一定會在書市場行銷。

有一位名媛要把周遊世界的相片做成時尚雜誌的圖文書，因為她人美相片生動，實在賞心悅目，我好想為她代筆寫文案，問她是哪家出版社？她說：「我自己出版，好朋友們會有一定的認購數量。」

我不能不誠實的提醒她：「妳要銅版紙彩色印刷。」恕我直言：「妳朋友認購的數量，印刷成本大概就要上百萬，妳的相片或旅遊史，想來親密的朋友都看過，妳再印刷成實體書，雖然得到他們的贊助，但是花了很多錢之後，不見得有機會滿足妳希望大家，也就是非朋友的其他人，看到這本精美作品的心願。」

那天離開咖啡廳，覺得自己很不應該潑人家冷水；但是又覺得的確應該阻止對方花這筆冤枉錢。

到便利店去影印一張A4的紙只要兩毛錢，但是很多有字有圖的紙，疊落裁切成一本開數不一樣的書，那個成本就不是以一張一張紙來結算的，素人出書，念頭單純，不知道一本書的誕生，真的很像「懷胎九月」才能孕育出一個健康寶寶。

雖然我出版了三本書：《快樂不怕命來磨》（寶瓶出版社）、《此刻最美好》（三采文化集團）、《我微笑，但不一定快樂》（聯經出版社），但其實我的底子仍是一個素人寫作者。

我的寫作經歷很像吃了一頓霸王餐，有人擺了檯、上了菜、端來碗、給了筷，我就坐下來順理成章的開懷大吃，一字一字、一行一行、一頁一頁、一章一章的順勢而為。

我是多麼幸運，當我快樂的時候，出版社就叫我寫《此刻最美好》，當我生病的時候，出版社就叫我寫有關憂鬱症「實戰經驗」的《我微笑，但不一定快樂》。

每一個階段，我只要把生活裡、念頭裡的聲音轉換成文字就好，任何一本七萬字的書，都不會出現一個生澀的字詞，我的書就是和尋常百姓結合的嘀嘀咕咕心事，也和多數女性有不謀而合的默契。

因為新聞工作四十年的速度演練、因為素人寫作者的無知與一廂情願，我曾問熟識的出版社（開口時，心裡也有一點怕說外行話的不安）：「可以一年出兩本書到三本書嗎？」我猜他們在偷笑我，但還是溫和的解釋：「這會造成排擠效應，變成自己打自己。」喔！這和有聲出版、電視劇對檔，是有一點點類似的挑戰原理……。

好心作家朋友告訴我：「以後出書盡量跟一家出版社合作，這樣累積的作品，便於成集成套做日後整體性的安排。」我一輩子只做過一種類型工作、也沒換過東家，看同儕資歷很多元化，老覺得他們很厲害，我很弱，棲在一棵樹上就不敢飛，所以，我以為不斷跟不同出版社合作是突破我自己，結果，這不是明智的選擇。

因為累積了出版物、累積了讀者，也累積了他們和我的對話訊息，喜歡寫作這件事已經不在於有沒有機會寫、寫的夠不夠好，而是選擇寫的話題有沒有意義，能不能對女性提出更有建設性的觀點。（喔！提醒一下，我是大嬸，所以對女生、女孩、女人的同理心較高，也會有較多重疊的同喜同惡。）

慎芝老師在高齡時候寫出極經典的《最後一夜》，日本作家曾野綾子已經九十歲，正在寫她第二十幾本書，齊邦媛教授完成一本鉅著要十年，到現在依然以寫大書為志。所有的創意工作，好像的確以文字寫作最不受光陰摧殘。

我是文字工作者，景仰她們的毅力才學與寫中得樂，絕不敢高攀文學作家的等級。

我能寫作到幾歲？我能活到幾歲？都不是我真正關心的事，我希望我坐在電腦前面能一如她們充滿旺盛心力，加上我電腦打字速度還算不慢，寫不停寫不完寫不累寫不夠……，這是我最美好的願景。

寫作不是體力活，只要不失智、找得到鍵盤的ㄅㄆㄇ、文字創造的議題與交談模式是眾人普遍喜歡的，那我的所有未來，都將繼續著迷在能跟讀者做筆友，能和陌生人筆談、能有產生鼓舞修為的筆力。

該走就走莫強留

雞毛蒜皮小事，是生命走向無障礙空間前當有的裝置藝術，讓所有進出都有應得的自由。

第一個舉行生前告別式的可能是暢銷作家曹又方，而後陸續多年，這樣做的人很多，越來越多。

四十年前做保險業的人非常辛苦，因為投保讓人覺得是「觸霉頭」，但光陰的故事慢慢改變很多的觀念，保險專員假設性的預測風險，都被視為是助人利己的善心善意。

現在的人除了在長輩面前做喜鵲，對自己都已經徹底百無禁忌，像我這種連簽書都不喜歡用黑筆的人，早就在簽任何保險單時都直言無諱問專員：「如果我半路蒸發，我的家人可以順利領到受益人保險費嗎？」

對於「半路蒸發」，理財專員也有「代名詞」，諸如「萬一去跟上帝喝咖啡」、「可能提前回老家」、「如果失去自主能力」……，哈哈哈，多擔心也是白擔心。

生前告別式或預立遺囑的人，都有一定的瀟灑，他們不會弄一個沉重場面讓大家當面哀悼，他們希望的，無非是請每一個認得的舊雨新知，記住他們最後的美好。

我的重要性不足，屬於自己的事又多一清二白，沒有什麼放不下的遺憾、也欠缺需要交代的人事物，倒是看了太多子女張貼父母的病房相片，心裡非常害怕有一天家人或朋友會把我病榻上的樣子貼海報。

我把我在乎的事，仔細寫下備忘錄和意向書，讓家人清楚我希望不被越界的部分。這些雞毛蒜皮小事，是生命走向無障礙空間前當有的裝置藝術，讓所有進出都有應得的自由。

1. 我對痛感承受力較差，所以不管發生什麼事，都要以解除我的疼與痛為優先。

如果家人朋友要幫我禱告，不要勞煩阿爸父（寫給大姊）或觀世音菩薩（寫給二姊）彰顯奇蹟，因為祂們已經給了我很圓滿的一生，請祂們多多關照天下蒼生，我不會貪戀肉身存在的長久，但是我真的要委託你們，央求祂們恩典足夠，允我無痛分手，聽清楚，不是無痛分娩喔！

2. 朋友是玩伴，玩伴是朋友，都給我很多歡笑跟助力，所以個個重要，個個上心，但是因為已過五十、又進六十、快到七十，體力不敷面面俱到，也就不能一視同仁；現在的時間只得區分掛心「最後一里路的至交」。

我很實際，年輕時就跟朋友說過：「讓我活在你生活裡，別讓我活在你的心坎裡。」我的感情是靠耳朵、靠眼睛、靠接觸的聽看受來鑑定的，雖然顯得俗氣，但是誰不是這樣？你和一個人如果不出現在彼此生活裡，要不了多久就淡下來了。

君子之交淡如水？不！君子之驕才淡如水。

如果我要長久休憩了，家人不必翻找手機通訊錄、電話簿，你只要根據耳熟能詳聽我提到過的名字，電話告知一下就好。別跟人家囉說細節，既然已經走完了當下，就不需要任何的噓唏與婉惜。

3. 最怕運氣不好，纏臥病榻。

不管我多麼的細皮嫩肉，不管我多麼的看來無恙，不准~絕對不准拍照、傳照、貼照，尤其我披掛上軟硬管子裝飾品時，如果誰在我旁邊比個V手勢或豎起大拇指拍合照，我會窮全身之力跳起來狠咬你一口，咬到你中毒最好，哈哈，這麼凶狠的警告是要讓你知道，我真的很不喜歡凌遲畫面，看到別人的，我難受，看到自己的，會覺得這樣做的人，是蓄意糟蹋我一生歌頌快樂所做的努力。

4. 看牙時，機器的滋滋聲，讓頭皮發麻外加一身雞皮疙瘩。

到了醫院，所有會發生鳴響的機器，更會加重心律不整，這邊霹靂擊一下，那邊打孔穿一洞，平躺的身體不由自主地從病床上彈跳起來……。

遇到意外事件的搶救，葉克膜、呼吸器輔助過關在所難免，但是對於不治重症，縮短時間折磨才是最大恩典。我一不紋身，二不打耳洞，就算不切就會走也請不要冒犯我的咽喉，免得他日求著要麻醉劑加鬆弛劑解除勞苦，也沒人敢幫助。

用愛拴住自由離去的生命，是非常殘忍的事；因為對身體的囚禁，我們困住飛將軍爸爸的靈魂長達九年，我們四個兄弟姊妹為了自以為是的孝順，至今到未來都會內疚一輩子；因而達成協議，接受天命，不強留軀體，愛，在我們能愛的所有時候，就該完整表達。

人生最後一場戲，不能像恐怖片大法師一樣的驚悚，如此謝幕甚佳，燈光漸層似的慢慢朦朧，或者就直接暗場交代更迭時空；最後一個記憶點，不要讓它成為粉牆上的壁癌流傳千古。

5.腦中光白太多，記憶受損，已在這個世紀氾濫成災。如果什麼都記不住，就容我記不住吧！總之，照顧我的時候，不管我聽不聽得懂，隨便瞎聊也好，胡亂接腔也行，不必管是不是雞同鴨講，只要看起來像是在「交談」就行啦！請常常握著我並不能起反應的手說：我愛妳……，可別跟我說：加油……。你可以偶爾問問：「妳叫什麼名字？」「妳知道我是誰嗎？」測試我的記憶反應，但是求求你不要讓我重複回答不能改善什麼的蠢問題，尤其是有訪客探病時，你千萬不要苦心教學讓我表演，小孩牙牙學語怎樣說都是可愛，但是要老人或病人吃力含混的抖著嘴唇迸出一個答案，實在太悲情了，相信踩在支架上會說話的鸚鵡都會說：「你們真夠煩。」

6.不能嚥食時，往往是整個療程已沒有起色的機會了，那就不要再例行灌蛐蛐了吧！

不過在所有躺著的時候，要記得為我剪三分頭，像胡因夢、賴佩霞那樣的清爽，也要記得為我的臉擦晚霜，反正，讓我乾乾淨淨是絕對的必須。

人活著，要爭一口氣，命到時，千萬別爭那口氣。

如果能復原到下床、走動、說話、簡單思考……，一切盡力挽救都是必須的，但如果機會只到呼吸睜眼，有多少人願意這樣延年益壽？我們都已經討論過，沒有人願意，是吧？

這一篇文字是課外讀物、是練習作業、是模擬歸宿，沒有暗示性，沒有影射性，只是提醒夠健康的我們，還是要聽信：國民平均壽命，男七十八，女八十三。

就算有人過九九當了超百人瑞，拉高平均數字，但身體再好的紅顏好漢，只要悠遊卡過了嗶嗶響的界線，就要稍稍盤算；何況，在長命百歲與不測風雲之間，心算心算一下，今年有多少青少年是突然就一陣雲煙的遠離塵世！

活時快樂，走時安然；在由不得我們掌控的凌空隕石微塵裡，我們能一本正經不怠慢的，真的只是最簡單的吃喝拉撒睡品質。

病比死可怕，偏偏不生病是不可能的命運。

我很健康，我也努力讓自己和家人繼續健康，為的不是壽比南山，為的是百病不侵，其他的，人算不如天算，莫問天，但隨天，因為天助自助者。

歡樂聲中人兒要離去，大家都請今宵多珍重……。

幽默不要含苛薄

兩性話題、八卦話題、標題聳動、行善即善、人性可信，我尊重你任何發聲的觀念，但是發聲的內容與態度，可不可以不要像草莽或海盜？

中年，已該練就涵養，別再言語苛薄。

少年，正是熱血方剛，也別錯演正義人魔。

言語苛薄與正義人魔，都很像情緒復仇者。建設性少，攻擊性高，善意薄弱，憎恨強烈，把自己的認知見解當旗令，沒有討論研議空間。

很多人都怕正義人魔；因為他揮舞著正義大旗顯得如此威風凜凜，你反駁，反而顯得不道德、很鄉愿。

正義人魔旗過土焦，就像謠言致人於死，而謠言或謠言者卻可以兩手一攤說：他自己要對號入座，干我何事？

相較之下，言語刻薄的人反而一點都不可怕，只是討人厭而已，閃避他就好了。

鑑定別人很容易，但是，我們認識自己嗎？也願意認真的鑑定自己嗎？

我喜歡寫文章的原因之一，是在字字句句中，揪出自己的應事有沒有態度或觀念問題；指出生活上不喜歡的人我互動方式，不是為了糾正別人，完全是為警告自己不要像個恐怖分子。

我喜歡文字、漫畫、視頻，這些工具所創造的幽默，不管是讚頌、不管是嘲諷、不管是指桑罵槐，都有讓人捧腹大笑的力道。

但是幽默風趣，有特別叫座的素材，也有需要慎重的禁區題材；我們可以透過一些熱門話題來分辨。

兩性話題

叫座題：

只要是消遣兩性關係的素材，幾乎誰看誰笑；尤其，女欺男、夫畏妻，喜感很強，婚否皆然；全世界靠兩性題材為業的文字漫畫家，對地球和平是有貢獻的。

不管我們怎麼強調平權，男壯女弱是生理事實，這個生理事實影響心理層面。

男人怕女人，是強者讓步；男人讓女人，是鐵漢柔情。

總之，男性在文化產物裡扮演「偽弱勢」角色時，可以贏得讚賞與喝采，因為這個世界還是有一個承軸：真正的強者不會與弱者爭鬥的。

禁區題：

雖說「消遣兩性關係的素材，幾乎誰看誰笑」，但是在生活的真實悲劇裡，嘲諷強者施暴的幽默或影射當事人的抱不平，都可能讓受害一方得到更多的侵犯，讓人看的心疼。

這，就是在傷口上撒鹽的例證。

八卦話題

叫座題：

很多行業會有潛規則；潛規則的運用，有時是約束，有時是管束，有時則可能是上對下、官對屬、權對平的侵犯特權。

四格漫畫跟專題報導，都是指導入門新人的教學講義、保護手冊，用存在的事實，告訴天真可愛的新秀，你正在進軍的行業裡有那些隱藏的危險，你該如何警覺與迴避。

禁區題：

好萊塢電影，一拍再拍握有權勢的人如何騷擾從業人員的電影。

韓國影視行業，一爆再爆經紀人強迫女性屈服性服務的霸凌新聞。

以上真實事件，導致很多自我結束的死亡事例，對魔鬼，批無可赦，對冤魂，就請不要再刨根掀底了吧！

標題聳動

叫座題：

把事件誇張的放大十倍，的確會讓人君自動入甕，看吧，最多只會遭笑罵一個誇張之罪而已。

但是誇張沒有什麼不好。爆破片、飛車片、科幻片，哪一個不誇張？這些誇張，卻是好感誇張，讓人隨著創意與想像力，得到娛樂的紓解。

文字標題則是一門行銷心理學，多數的網站用誇張取勝，優質的網站，則以鑑賞力所能帶動的聚焦力來累積流量。

在網路上，一篇文章的點閱率，有三個關鍵因素。

是標題的吸引力。

是作者的吸引力。

是題材的吸引力。

禁區題：

從事過編輯訓練的業者都知道，有一種懸疑性或反問式的標題是很具吸睛魅力的。

但是，誇張可接受，詛咒則難忍。

我看過很惡毒的懸疑性標題，結果不但與主訴事件相反，而且全文並沒有真正惡劣取材，這樣的行銷心理，好像不殺雞卻提了一桶紅油漆去潑了讓人害怕。

行善即善

叫座題：

大人物做大善事，小人物做小善事，大家能力不同，可是心的品質都在同一水平的檔次。

當有人捐善款、有人捐義賣品、有人捐公益用地、有人奉獻傷殘救助時……，也同時有人會掉入自以為是的評論角色，指責財力更好、能力更大的人「憑什麼沒有表態與動作」？

行善不是競爭，行善不是角力，行善是「我願意」。

我們只為善人鼓掌，我們不去糾舉沒有行善的人，也許他有他的困難，也許他已默默做了更多善事，以致沒有多餘的預算。

敬人善行是敬。迫人善行是迫。可敬不可迫。

身後遺產裸捐慈善機構是偉大的情操。但生前，誰有資格決定別人財產的分配呢？

禁區題：

如果人家已經贊助公益，我們不應該說：還不是為了抵稅。

如果人家已經捐了物資，我們不應該說：還不是為了製造形象。

如果人家已經捐了善款，我們不應該說：還好意思捐這麼少？

如果人家捐了家庭餘物，我們不應該說：還不是用不到才給別人。

人性可信

叫座題：

二〇二〇年開春，全世界面臨新冠狀病毒的肆虐。很多鬥士，在為別人的生命賣命；很多親人，在安全考量下暫時拒見彼此。

我印象最深刻的一件事是：一個女兒騎了一天單車去探望確診的媽媽，媽媽隔著門說：「妳回去吧，我的門是反鎖的，如果妳要強行進來，我就只能別無選擇的先死給妳看。」

在死亡與淚水吶喊中，我們看到很多屬於超越人性的愛。

禁區題：

疫情時間長了，橫渡恐懼與死亡的考驗，讓理性在疫情中也失控了。

最可惡的失控者是這兩種人。

一個是逃離疫區後，在大眾平台上張狂得意自己有多厲害，或躲在暗處想要傳染給別人，這算哪門子幽默？

一個是遠觀受苦黎民的鍵盤手，除了幸災樂禍，還無所不用其極的以尖酸刻薄語言來污辱受困者。

在鍵盤下藏匿的寡情，讓我們看到很多屬於人性的邪惡。

朋友說：「我親愛的小孩，學會很多仇恨的字眼，我簡直不知道該怎麼辦。」

因為這些仇恨字眼不是親子關係不良造成的，我只能與她共同期待：「孩子，我尊重你任何發聲的觀念，但是發聲的內容與態度，可不可以不要像草莽或海盜？」

再說一遍：鑑定別人很容易，但是，我們認識自己嗎？也願意認真的鑑定自己嗎？

先有美麗的人心，才會有美麗的世界。

幸福也有高低潮

婚姻是吃著矛盾飼料長大的變形蟲，牠可能變成蝴蝶，也可能把妳困在蛹中。

感情似流動的水，心是盛裝的容器，如果從不注入活水，心就會乾涸，愛情友情親情就跟著謝幕了。

我「心水」消耗量很大，旁邊的人稍稍遲鈍一下，我就覺得天災呀！旱災呀！我怎麼活得下去？我豈能為一口枯井荒廢自己的人生？我還會很具威脅與殺傷力的跟我先生說：「吳定南，如果我說出我們婚姻的真相，那才是天大的暢銷書，誰相信我過的這麼痛苦……。」

十五年的幸福，可能是個謊言？

如果我說我並不幸福，也許可以安慰到一些人，一如當初，好像我找到了幸福，也讓很多熟齡女子覺得自己遇到良人的機會並非渺茫？其實這都是錯覺，真實的狀況是：我是靠糊塗過日子唬弄自己修好了人間學分。

在任何有門牌號碼的房子裡，吵吵鬧鬧或不吵不鬧，都有著各自的問題，太多的羨慕太多的怨嘆，多半是心在彆扭，真要控訴對方什麼，還不就是雞毛蒜皮和綠豆芝麻沒完沒了的數落。

好婚姻的定義很多，照著別人的地圖行走，未必就能柳暗花明，唯一的永遠就是：所有的「一輩子」都真的要用「一輩子」來維護，才可能持續存在。

年輕時恨人家：為何你不懂我的心？還老愛問對方，我的未來在哪裡？走完幾個年輕之後，天下人、天下事，都只是生活裡的風景，我連看自己，也不過是身外身、心外心，沒有放不下，懶得長懸掛。

日子，只有今天；生命，只有現在；幹嘛受困昨天、從前、過去、未來？走過千山萬水，還有什麼好糾結的？

年紀不同，追求順位不同，白髮人屈服激情後的平淡面貌，是一種必須的睿智，有時我會假裝年輕，有時我也假裝老邁，但我對自己此刻的正解還是：我有一樹桃花千朵紅的活力，你讓我悶，我就讓你耳根不清靜。

有一個社群網站，成員近七萬人，其中大概九成九是女性，我每天會去瀏覽一下，千篇一律的貼文結論：男人真不是好東西，一個家的破損，幾乎都是他們造成的。偶爾有男性反駁，那簡直就像捅到麻蜂窩，被群攻致死，我看到哈哈大笑。

剛開始看的時候，我很心疼貼文的女性，但是又不解：在霸凌、受歧視、不愉快的關係中，她們無法保護自己？也無處求援？但是看到後來，我似乎懂了點什麼，原來每一篇貼文都會得到幾百則回覆留言，而留言的文字個個犀利，幫苦主出氣的「金玉良言」無不麻辣燙，晚上熱熱喝了，大概怨氣也會疏緩個七八成。

女人之間要有一種知己，就是能陪著妳隨時「伴罵」、「陪罵」、「代罵」，這種知己不必是閨蜜，其實最好是永世不見的陌生人，罵完之後，苦主氣消了，誰也沒有需要擔待的責任。

熟人還不宜「伴罵」、「陪罵」、「代罵」喔，小心罵完之後，女友覺得妳居心叵測、一心破壞。

做朋友千萬不要太一腔熱血，因為絮絮叨叨是婚姻裡最普通規格的小儀式，不幸福女人最上心的，可能不是她覺得自己不幸福，而是不喜歡妳居然點破她的不幸福。

婚姻是吃著矛盾飼料長大的變形蟲，牠可能變成蝴蝶，也可能把妳困在蛹中。

情感，從碎心的搖晃到全然的安定，總是一路踏遍傷心傷神傷人，不要萬劫不復才奔逃好嗎？愛情裡的慧劍快斬，就是生命裡的斷尾求生，不能不捨。

幸福或不幸福，沒那麼絕對，我的定義：沒有恐懼、沒有緊張，是婚姻可以維持下去的基本心情，妳的他不可以和「恐怖」、「害怕」、「慌張」這類情緒沾一點點邊……。

我幸福不幸福？讓你猜！

罵罵冤家可復健

男人只要溫柔的站在人生劇場陪妳就好，別幻想他有能力演好幫襯妳加分的對手戲。

極端的幸福和極端的不幸福，這就是我和我的冤家之間長久的兩極關係。

除了我自己，沒有一個家人跟朋友不是說：妳在這個年紀居然遇到這樣好性情的人，妳憑什麼挑剔？

我沒有挑剔，只是面對廚藝高超的先生，覺得自己常像一隻不必端上爐火就先被燜死的甕仔雞，我想請問：你為何不把我當一鍋燒酒蝦，還能轟轟烈烈有著火焰的美麗？

以上形容說法，即使我用他最擅長烹調料理的類比語彙直述我內心的欠缺，我的先生，還是無法思考我想表達什麼，逼不得已時，他會嚇得給一個千年不變的標準答案：我真的不懂妳的意思。

十幾年了，我一直活在「我不懂妳的意思」狀態裡，所以我必須寫作，寫給同溫層的女人看，再換來傾聽那些陌生女人的心事：「我知道我先生愛我，但是我感覺不到愛該帶來的舒適感」，然後我就因而慶幸自己可以繼續相信：天下的配偶都是一樣的，有沒有甜度，別依賴對方給妳，是妳自己愛加多少加多少，男人只要溫柔的站在人生劇場陪妳就好，別幻想他有能力演好幫襯妳加分的對手戲。

太太對先生往往因愛生怨，這點我很符合女性的特質，很嘀咕、很有持續力、很突發性的會衛星撞地球……，瘋的時候言語表情也～很～刻～薄；想到自己的醜怪，我也不得不承認從某個角度而言，先生以靜制動的特殊能耐是非常好的降魔兵法，讓我徹底認輸，讓我毫無興致去想：下一個男人會更好！

有一種熬煮中藥的電壺，人稱啞巴媳婦，我親愛的先生，他就是啞巴媳婦。喔！不！他是啞巴女婿。

二〇一九年底我憂鬱症復發時，他每天煎熬在水深火熱中，當躁症來襲時，我開口就是你死我活的決絕，當鬱症來襲時，就是他的特休日，因為我癱在床上氣若游絲，一點罵人力氣都擠不出來。

他最會的照顧，依然是準時煮咖啡、上早點、計算我一天吃兩根香蕉，做做發生在廚房裡的家事，太陽大的時候，也會提醒我到露台去曬太陽，然後……，就沒有然後了，只會一日三餐問一遍：「吃藥沒有？」

知道我喜歡吃麵皮，炕大餅、烤麵包之後，他就把上下層外皮剝給我獨享，不知情的人看到應該會以為他在虐待我，但脆脆的，酥酥的，吃到這些，我居然有他真了解我的感動……，唉！我也不知我是什麼命來著！

今年，除了看診，我們幾乎將近半年沒有出過家門，我的病況嚴重時，新冠疫情正夯，全家人都知道我有醫療恐慌症，再小的事都不曾自己去過醫院，但這階段我說：「危險地區你不要陪，運氣不好染疾，起碼只掛一個。」我也一一交代，把家裡路線圖分好，如果誰有「疑似」狀況就住主臥房，臥房外的露台面對綠色叢林公園，將是唯一活動區，房門不准開。

這一次鐵齒硬頸哥比較謹慎，就算只有我們兩個在家時，我們也常常是戴著口罩的。

他不會察言觀色，也不會噓寒問暖，可是對於我這型憂鬱症病患而言，他是中上級的好看護，他常激怒人的聾啞作風在此時成了難得的專業態度，他不會受寃而反唇相譏，他也不會不耐地閃躲出有我在的空間，我再狂，似乎都不會變成他的壓力，時間到了，他幫我調好室溫，床頭擺一杯溫水吃藥，再擺一保溫杯半夜喝，然後回他書房倒頭就睡，我看他的背影，難免猜測「他大概在偷笑」；因為他沒心事，沒夜氣，相對的，當我比較清醒時，我除了加倍對他和顏悅色，也不會有任何罪惡感的壓力。

憂鬱症改善，疫情減緩，我問他：「半年了，你睡小床睡累了沒？」這是很明顯的「邀請」，結果他說：「其實滿舒服的。」會說話嗎？這人說話就是這麼讓人難受，常讓我氣憤於我不是女人！但是自己當年不也說過：年過五十，男女就沒有性別之分，何況現在我們都已經快要……快要……快要七十了。

他說舒服，顯然合理，這半年的確是我們最和諧的時候，因為各種迴路的衝撞，我比政府還機靈，一開始就保持「廣度社交距離」，同屋不同室，浴室各用各，吃飯分盤餐，相互不靠近，只要我不噴口水不說話，我的家就毫無煙火味，仙樂飄飄處處聞。

我愛吃零食，正餐時間就減肥，他說我不胖，我說怎樣算胖？「不要九十公斤，九十公斤就跟我一樣重，這樣子計程車看到我們都不停。」你好幽默喔！你好會說話喔！真冷！

妻子稱夫，不離「把拔」、「老爺」、「寶貝」，我叫我夫一個字——「乖」。

不要譏笑我肉麻當有趣，這是非常嚴肅的稱謂，乖這一個字，是我對我先生所有褒貶的正反統稱，其中也包含我對他孤單性格的溺愛。

通常只有丈夫會稱呼妻子「乖」，但是我們之間，倒行逆施慣了，我唱怪物角色，他扮寵物道具，我常會抱怨兩人的互動關係、離奇應對，居然沒有人相信我的不幸，讀者和出版社尤其不懂，反應多半都覺得我們的婚姻太有趣了，我也不明白這是什麼推論邏輯？

十五年了，這個外型和個性都忠厚得像聖伯納犬的老室友，跟我說話沒叫過我十次名字，會提到我的名字都是在回答別人某句問話的情況下。

我們相識很晚，以年資來算，我們也只是一對老傢伙，並不是一對老夫老妻，一個連你名字都叫不出口的冤家，萬一又有機會和你一起過金婚，那這未來幾十年該怎麼過呀！

我個性只是急不是壞也不是大，但是遇到這個大塊頭，我怎麼急都沒人理會收拾，久了，積急成火，燃點很低，我常怒喊：「你吃定我了？你的冷暴力是可以按鈴申告的。」他還是沒有聲音。

所以嘛！別以為哪對偶伴看起來感情很好，哪對偶伴看起來感情很不好，好不好不是「看」出來的，是「過」出來的。因為罵跟誇都有非常失真的部分，但是罵跟誇絕對不能省略，對女人，這是必須的自我心靈復健。

在家追劇免闖禍

男人的「甜」終究是女人的「夢」而已，於是追劇追羅曼史，無可厚非擔任填補女人內心缺口的重責大任。

因為生活裡沒有羅曼史，熟女才會拼命追劇？

追劇追劇，中日韓的爆紅劇，八成以上作品是以情愛為主弦，這樣的追劇，和女性觀眾看羅曼史小說其實該是被相同的情愫吸引。

有一次跟先生去信義區看電影，兩人站在戲院前雖沒打一場架，也著實比畫了內功，當然，我輸了，因為在大庭廣眾下我還是比較愛面子。

去看電影前沒商量好，排隊快到票口時，我說：「大亨小傳重拍，一定更華麗。」

他說：「我要看玩命快遞四。」

「你在家看玩命快遞已看二十遍了，到戲院幹嘛還要看玩命快遞？」

我話說完，兩人已經走到到售票口，他不掏錢，也不買票，跟釘子似的立定不動，先是一個售票小姐用詢問的眼神看著我們，他還是不做反應，然後幾個售票小姐和排隊的觀眾都看著我們……，我毫無選擇地說：「一張大亨小傳、一張玩命快遞。」於是他掏錢買了票，而且還好像很懂事一樣的先送我去我的映演廳……。

我不是講鹹濕笑話，我是真心覺得，如果不是為了生孩子，男人女人幹嘛要在一起？尤其年齡一飛上四五六之後，這兩種本來就格格不入的物種，簡直就是鬥雞同籠，很容易就你死我活的扯光彼此羽毛。

女朋友說：「男人本來就看不懂文藝片。是妳在為難別人。」

那男人在追求的時候，不是很擅長文藝腔嗎？不懂文藝片的人會懂愛情嗎？

別費心猜，女朋友說：「愛情是作家寫的，妳去便利店買幾本封膠的羅曼史看看，一本只要四十九元（現在漲價了），如果上臉書看，羅曼史小說更多，寫得可好了，不過他們很壞，到了精采處就停掉，妳要入會員付費才能繼續看。」

天啊！我以為只有少女在看羅曼史，不是的，看羅曼史的熟女更多，而且大娘大嬸也不少。

我學著在臉書上試看羅曼史小說。

好看好看真好看，同一套公式，寫出大同小異的故事，時代背景從現代、古代交錯上陣，「絕對癡」、「絕對狠」是人物性格與情節架構的兩大主軸，但是在情慾的描寫上，說真話，那種纏綿悱惻的程度，完全情色合一，而且這些寫手文字駕馭之高明，實在令人佩服。

我想起一樁舊事，唱片界最懂女人心的經營者，為女性製作發行太多太多膾炙人口的好歌，他對我常常跳脫性別的幽默別有觀點，相約：「我們退休一起去寫情色小說。」

情色小說跟色情小說可是兩種不同的文創作品，如果不懂，就去找個老師問問吧！

懂得女人心的男人曾掌握女性情歌主流，懂得女人心的男人也會發掘女性小說主流，其實，這樣的流行歌曲這樣的流行小說，都是實踐同樣的行銷心理學，把女性牽回念念不忘的羅滿史情境裡。

作為女性，大家有沒有奇怪過？為什麼當自己年齡爬升之後，對羅曼史的著迷程度反而更甚於青春期的舊日自己？理由簡單……。

不管當年美醜，只因青春無敵，總會有個誰願意跟我們演演「對手戲」，後來的現在，元配對熟門熟路失去優美的情愛逗趣，女性們則仍對自己「應該被疼愛」無法死心。

守著言語無味的一家之長，還不如移情羅曼史可滿足很多的想像，一天可以在淚中笑中打發幾小時已經夠精彩，那些鮮肉仙女還會為妳留下可以期待的明天，拿劇情對照自己淺薄的經驗，媽媽奶奶比少女還相信羅曼史裡的愛情是常態性的標準，懷疑自己沒有被這樣的深情公平對待過，所以越瞎扯的羅曼史，越讓人心慌意亂、感動莫名。

古老婚姻裡男大女小，是非常封建的機制，女人在身邊，任務很明顯，伺候男人樂笑、為他養身熬藥、老了把屎把尿……；千年過後的今天，縱然女權高漲，但每個妻子依然慣稱自己的愛夫為「老爺」，而且榮耀之心躍然在笑容中，男尊仍是這個時代存在的文明。

孩子時期即可看出，女孩就是早熟，男孩就是晚熟，有的甚至老了還像冰箱裡的牛油果黑而不熟，「男人拳頭硬，女人個性軟」是天性，所以男人適合打天下，女性適合軟硬通吃，男大女小不再是唯一的婚配數字，用現在的眼光來看，夫齡略大於妻齡，是為了多幾年的閱歷可讓男性成為較懂得照顧人的角色，可是好事學得慢，男人的「甜」終究是女人的「夢」而已，於是追劇追羅曼史，無可厚非擔任填補女人內心缺口的重責大任。

女人家們都在追劇，除了讓自己在同溫層裡有很多話題，也讓一種公然的迷戀顯得理直氣壯，除了因而滿意自己身老心不朽，也會彼此互給掌聲，交讚得熱情如火，是可愛大粉絲的正向活力。

而且，一個家庭裡的孤單女性，每天花幾小時迷看羅曼史電影、電視、小說，絕對比上網安全。

大齡老齡，閒在家追劇、做羅曼史粉紅夢，滿好的，能學上幾句對白，沒事在家酸酸老爺子算是一種幽默，有事在辦公室損損惡同事則算是一種戰術，經典流行好多年的「賤人就是矯情」對白，看似宮廷劇特有的尖酸刻薄，又何嘗不是羅滿史裡女性爭風吃醋的野蠻語彙呢？

豺狼虎豹網上見

想到檢疫時期，老百姓都會對政府謊報地址，那網站的謙謙君子清秀佳人怎麼可能都是善男信女？

網上交友，電腦配對，就算有大數據分析，可靠嗎？因為一顆需要驕寵溫暖的心，特別意志薄弱容易動情，有多少女性就是這樣掉入陷阱，在網路上交朋友，還沒見到人，憑幾張相片幾句甜言蜜語或承諾就匯出大量金錢。多數人都很難理解到底為什會這麼好騙？

我還在編輯部工作時，因為負責很多版面，常常需要有突破性的創意來吸引讀者。我的創意往往是從實際面出發。

當時我主掌一份非常年輕的報紙，發現一個交友網站後，立刻請記者去採訪報導，導致網站會員極速大量攀升，要求與我們合作。

我對交友網站這個生態非常有興趣，當時單一的想法是可以促成多少美好伴侶，可是報社認為風險性太高，網站上交友資料無從考察，牛鬼蛇神也不是我們可以辨識與約束的，萬一造成錯誤配對，在道德道義上都會有難以彌補的責任。

有一次去香港，跟思想前衛的施南生聊天才知道，她們朋友圈裡有很多是經由網站認識的情侶，而且表現的都很誠實，造就無數美眷。

我們好友張律師卻嚴加反對網站交友，說自己手上受理網站騙財騙色的官司多到嚇人。

網站交友，有美滿結果的不會敲鑼打鼓，受到詐騙的當然就會爆發訴訟，所以從張律師理解的角度來看，交友網站騙子一堆絕對是事實，新聞報導也非常多，但是騙子的比例到底有多少？不知網站是否能在「選伴」的名單裡設計過濾出安全數據的機制。

在交友網站覓良人選佳人，不是不可以，但真的千萬千萬千萬要謹慎。

我有一位小同事住在紐約，上網交了會計師朋友，約會幾次，男士帶著電腦隨女生返回台灣，電腦裡是他的全部資產紀錄，他就用這些保證書求婚，如今結婚十多年，有兒有女，幸福美滿。

但除此之外，我還沒聽到另外的美好故事。

這些年成年人交友網站越來越蓬勃，徵會員時打出來的文案與儷影成雙相片，真是太吸引人了。

想到檢疫時期，老百姓都會對政府謊報地址，那網站的謙謙君子清秀佳人怎麼可能都是善男信女？

其實我真的很想做牽紅線的工作，但是男女生從數量、年齡、職業背景到經濟條件、外貌、身高，樣樣都需要評估，有朋友就是因為亂搭鴛鴦橋，結果惹來其他姊妹眾怒，介紹人的壓力可想而知。

這個年齡聽聞能成為好伴侶的，不外乎來自歌友、山友、飯友、球友……，就是大家在一幫子熟人中，突然越看越對眼的成就了雙雙對對。

網站交友最大的風險，就是不管見過面、說過話、牽了手，也「然後」了，但是，對方依然是「幽靈人口」，如果他要失蹤，他就是可以失蹤的很徹底。你有他的手機號碼和住家地址，可能是虛擬的，也可能迎接你的，是他請警察來警告你騷擾民宅。

我後來想起施南生的見解很有道理，如果是想認真找伴侶，一定要選擇「快進快出」方式，因為跟你一樣是以伴侶或婚姻為訴求目的的對象，即使他心裡也有所怕怕，至少他不會是個騙子，見面也不致不安全，只要稍稍接觸就知道彼此是不是合口味的菜，大家不必浪費時間。

全世界有不少的社會、國家、政府都為男性準備了特種營業的服務，而且多數是合法合情合理的，因為男人們跟女性有天賦的差異性，這個差異如果沒有得到適合的照顧，反而容易擾亂社會治安。

女性永遠不要以為每件事都能和男性平起平坐，上網找伴侶是值得鼓勵的方法，因為擦肩而過的芸芸眾生很可能正在那裡等妳，但是，不要尋求短暫的官能刺激與慰藉，那個風險不怎麼值得，萬一碰到面善惡鬼，毀妳也罷，連家人都可能拖下水。

不管他有多可愛，看起來有多善良，說起來多有成就，女性都要記住：

1. 小齡男，不要，別相信戀母情結，找姊姊阿姨做情人的，意味妳將

像男人照顧少女一樣的有責任栽培他。

2. 談借貸投資的，不要；妳的存摺是牧場、儲蓄是母牛，他天花亂墜的投資說法就是要喝光妳的牛奶。

3. 邀請國外旅行的，不要，妳別以為自己老了沒人要，只是行情差一點，到時把妳賣了，妳真的會人間蒸發。

4. 指定妳沒把握的約會場所，不要，針孔攝影、調情影片會把妳認為的浪漫，搖身變成浪蕩紀錄，妳是受害人，但因為妳成年又大齡，所有同情跟正義都不會特別偏向妳。

5. 電話忙碌或電話不響的人，不要，因為造假的可能性太高，正常人不會忙成那樣也不會閒成那樣，如果他拿著電話在談千萬上億的生

意，妳趕快站起來走人，那真是見鬼了，天下有這麼樂於錢財露白的人，大概只有山寨大王。

6. 說名人都是他朋友的，不要，因為有本事的人，不會喜歡拿人家的名聲墊自己的身高與身價。

我的朋友在網站上交過一個對象，幾次談話後就約見，初次見面，男方立刻獻上身分證、工作證、健保卡、名片自我介紹，四樣相關內容都符合且都有照片，彼此很快就安心交往。雖然後來發現兩人實在不是同一世界的人，分手也俐落乾脆，這就是快進快出的優點，不耗時間不傷情。

如果要上網尋覓後青春的伴侶，記住，不要遐想太多，務實就好，妳是什麼樣的人就會吸引什麼樣的人來。

誠意不是被要求出來的，誠意是對方主動表達交往意願的態度；如果妳連這個都分辨不出來，那還是在家看看連續劇比較安全。

奈何極品閣樓藏

娶到好女人的男人乖一點，如果你讓女人傷透心，她是可以在神不知鬼不覺下破釜沉舟的。

「這個年齡的我們是稀世珍寶。」她身高一六八，視覺體重五十五，腰高腿長，面貌姣好，個性開朗，動靜得宜，今年剛過五十歲。

雖然一樣是用電腦寫作，她一檔劇寫下來的酬勞，我要賣十萬本書才能有相同版稅。

她正處於女人最美時刻，心智完整得體，身貌不曾減弱，誰看她都當她是正值妙齡。

但她在告別往事多年後，始終沒婚姻、沒伴侶、沒情人。

她幽默的介紹自己：「情感上，我們有少女的純真嬌氣，生活上，我們有熟女的懂事體貼，在家聽話，出門如花。帶在身邊，起不了加分作用，也絕不會讓男人減分。」

這樣條件的女人，你說吧，有幾個男人配得上？偶遇配得上的男人，那男人身邊挽著的女人，最小一十八，最大二十八。雖然這樣男人想跟她試試新的開始，她可不願意沾鍋沾油惹煩。因為再笨的女人都懂：愛情沒有「試鏡」這種事。

談心能解語，靜中有意境，奈何極品閣樓藏，陽光掃過奔他牆。

年少即是這般聽說：大丈夫何患無妻。

但是未聞：妙女子必有良人。

世間果然，聽過多少回，企業女子鍾情低階員工，如期生下孩子後，分道揚鑣，相安無事。其實這是「女人條件好，男人沒著落」的應變方式，成年人的成年事，只要自己承擔得起就好。

少時我或許不懂何以如此遷就屈就「關係」，而今深解，女子最大的天敵是年齡左右生兒育女的能力。

不婚，不育，在當今社會真的沒有壓力，除非在乎子女能不能在大家族佔分產席位，除非那個低程度的男人拿沒有子女做要脅的藉口，否則，女人的愛是不需要對婚姻勢力就範的，何況，很多婚姻的膝下猶虛，還不是女方造成的，別栽贓。

男人自己跟我們女人家說過一個笑話：「家產傳女不傳兒，因為外孫怎樣都是自己女兒生的，跟我們家一定有血緣，內孫卻有機會不是自己兒子生的。」哈哈哈，這不是純然的笑話，所以法院官司才會一再發生DNA的驗證；娶到好女人的男人乖一點，如果你讓女人傷透心，她是可以在神不知鬼不覺下破釜沉舟的。

如果原生家庭人丁單薄，手足感情較淡，越來越多的男男和越來越多的女女協議：老了就比鄰或同屋相互照應。共用一個可料理生活雜事的管家，彼此節省開支，也可監督不發生惡僕虐人事件。

為什麼不找異性室友呢？真話真說吧！沒有愛情的兩性關係，其實不會比吵架夫妻來得好相處。

女性嫌男性邋遢。

男性煩女性追劇。

坐在客廳談談話？如果進展不到愛情關係，就絕對沒有適合的共同話題，相處起來有說不出的彆扭。

女生住在一起可好玩了，妳幫我弄髮捲，我幫妳刷睫毛，彼此交代的事，也從不會當耳邊風；想要進步，可以一起學習的事情又多又類似，會有交換不完的心得；萬一身體有小小不適，妳進我房，我去妳浴室，終究還是方便點。

所以，會單身到最後、經濟條件雖可過日子卻又難奢華的女性，要有計畫為自己準備三兩個可選的室友對象，甚至可以提前提議，讓雙方打自內心預做努力適應的誠意。

經濟條件特別好的女人，別忘了準備一個通鋪廂房，讓女朋友們常來打尖，消磨時間，同憶往日情懷；我這裡為什麼說準備通鋪廂房而非獨立套房呢？因為，還是要預防萬一碰到白目朋友，套房太舒服時，她從此不提何時回家也夠主人傷腦筋了。

一人獨居，未必孤單，有很多事是可以預做安排的；再好再美的女人，也可能會有落單的晚年，如果都有了準備，單身女子不會寂寞，也不會真的成為孤獨老人。

正宮娘娘看這裡

愛人要走，讓路給他，因為時辰已到，緣分已盡，
妳的幸福會開始在沒有他的日子裡。

本文立場先說明四件事：

第一，我可能是被一群小三打敗，但她們本來就是外人，無須對我負責。

第二，我對感情的認定有非常個人化的界定，這造成我對介入者能持中立態度。

第二，我沒有支持小三的意念。

第三，我從來沒有懷恨小三。

各位正宮娘娘，妳看懂我的背景，知道我曾經跟妳們一樣日子不好過，

但千萬不要誤會此文是在替小三開罪，更不可誤認我在指桑罵槐，只能說是

提取經驗，交換意見。

我很年輕的時候，向主管請調到香港做特派員，一來初生之犢不怕生，二來想學學粵語，三來可以拓展生活的眼界，但主管跟我說：「年輕夫妻分開來會出事的。」這個脫離主題的話，說的有點曖昧，我當然就會追問……，也問出一些該談談的狀況。

我怕自己在家談「家事」會失控大小聲，特別約他到「三普飯店」咖啡廳，透過公眾場合的約束力，避免讓自己失態。（三普飯店裡歷經幾代經營更迭，才是現在的神旺飯店，推算一下可以知道：我在還很年輕的時候就遭遇鬼鬼祟祟的謠言。）

這個謠言的闢清很簡單：「你一天叫她幾次進辦公室．又都關著門，就算是談公事，公司也會有耳語，其實你的門只要半掩不全閉，這樣閒話就不會再繼續……。」

走著走著的婚姻，又有新角色出現，朋友的女同學是一個落落大方的漢堡大學培訓主管，同學的姊姊跟我說：「妳要不動聲色的觀察一下，我弟說他們有鬼……。」我就問跟我有法定關係的良人：「鬼」怎麼回事（這麼形容自己都想笑，因為早已往事如煙了），他給我一個非常好的答案：「我睡在妳旁邊，妳不信任我，卻去信任那些鬼人的鬼話。」

下一次更厲害了，現在已經過世的一位導演與另一位非常深交的演員，專程連袂來訪：「妳不要信我們說的事，但注意注意是必須的。」她們講了一些江湖傳言，包括辦公室衣櫃裡的衣服都是那個人為他準備的；奇怪，我一點都沒有擔心，因為我沒有看過他穿不是我買的衣服……。

一次工作記者會，那個為他買衣服的好女人也在工作現場，我主動趨前跟她打招呼，她從容大方，我也熱情如火。半年後，事情不知怎麼燒起大火，我還蒙在鼓裡，公司卻集體辭職，然後，當然有抱不平者前來跟我娓娓道來……。

怎麼會鬧成這樣？「她是會計，我對她好是理所當然，不過也沒關係，她現在要去美國了……」「如果她對你、對公司這麼重要，我出面留她，誰有資格說話？」他拒絕，不讓我留她，大概是為了解決他自己又已經生變的問題吧。

她真的去了美國，而且走的很傷心，後來再返鄉時，我問她表妹要不要安排見面？我是真心想安慰她，但表妹說：「她好不容易復原了，就不要再提從前吧！」也是，即便我是好意、沒有不良居心、更非心思惡劣的想一探從前，那徒惹他人緊張就不厚道了。

婚姻冰櫃凍結十年，我在透明的、巨大的、深厚的冰磚中央，讓每一顆晶瑩淚滴都裝飾成不同的極寒刑具，我說這樣的婚姻是有問題的，我很孤單，我也需要寄託，我不知道現在的我該規劃單身生活還是伴侶生活？我想找一個適合的人……眼睛對眼睛的坦白，又讓我聽到至理名言：「難道一個人因為自己窮，就有權利去搶銀行嗎？」我我我……哈哈哈，我真見識到了「我的錯」，是的，我再窮也不可以去搶銀行。

你不愛我，我並沒恨你！但你不愛我，為什麼不放我飛呢？

正宮娘娘們，婚姻裡的驚聲魅影不一定是小三造成的，我遇到過所有傳說中的小三本尊，我從沒有轉嫁仇恨，因為有些謊言，她們沒有聽到，我聽到了，所以，我同情她們也是某種程度的受害人。

婚姻跟養生一樣，不管你照書做還是向專家的分析學習，其中，有百分之七十是你無法控制的「基因」在左右變局，遇到天翻地覆的婚姻災難時，不要用「苦守」糟蹋自己的青春，更不要用對方的「出走」毀滅自己的人生。

至今，我仍相信愛情，我也仍熱愛婚姻，但是人生的詭譎、人為的騙局，不會因為我們努力、善良、體諒就不會遭受情傷，反之，困著不愛你或你不愛的人在同一個戶口名簿裡，所為何來？朋友說：拿錢來。

拿錢？哈哈！老娘天生沒物慾，能下車時頭也不回的就走了，這輩子除了用過我爹的錢，跟男人沒「談」過錢，更不可能「要」錢，我的心甘情願自來只為相愛的生活品質吟唱快樂頌。

但是，我現在變了，如果妳是受傷角色，我鼓勵妳要記得讓對方在「生活輔助費」、「精神賠償費」、「心靈營養費」、「自由贖身費」這些條件的滿足下，才可以讓他把他自己帶走，因為未被「安置」、「善養」的窩囊，對多數女子形成久傷不癒的後遺症，她的心情在沒有「金贊助」撫慰劑支撐的過渡時期，往往造成新的沉淪。

韓國盧素英和崔泰源的婚姻，於盧素英的總統爸爸盧泰愚在位時，相安無事，平靜無波，一旦總統爸爸失權後，女婿公然與其他女子同居，雖然輿論袒護盧素英持家賢德，但崔泰源以企業力量鼎力支持新歡塑造公益大使形象，盧素英在臉書平台懇求夫婿回心轉意無效後，終以離婚收場。財力很強的她，至此不惜以官司求償龐大分產，這就是有備無患的金典處方，日後，對心靈上的抽痛痠麻可以有一些療效。

受傷的一方很像是給無良廠商「融資」，他藉著妳的力量與支撐反轉得勝了，時時慶幸的等著下一回合，但如果妳發現他超貸過多，不再敵愾同仇幫他時，他很可能違約交割，陷融資方成了貪贓枉法的代罪羔羊。

好的婚姻是互慕，對方無時不在為你傾倒，無事不喜與有榮焉。

但是很遺憾，婚姻也會毫無防備的染上政治惡習，在只有彼此的小劇場裡，很多答案以脫離真相的對白進行，很多安慰也是飲鴆止渴的誤為奇蹟。

大人物有大人物的政治考量，小人物有小人物的政治計算，家庭蒙上政治精算，愛，不是屈就，就是變質。

婚姻搖晃時，很多人是被蒙在鼓裡，也有很多人是蒙騙自己；介於兩者之間？還是重疊在兩種情緒裡？其實有多少人是恍惚而終？自己也說不出個道理！

我性格中少了女性的多疑觀察力，又多了家族的死忠血統，我能接受失去所愛，是因為我覺得我們都不快樂了。

是的，我的放手理由就簡單到這個程度：我們都不快樂了；只是這個不快樂的源頭究竟起始在人？起始在事？起始在感覺？我也從來沒有認真追根究底過。

不要阻擋任何人的快樂，但因為對方不敢誠實面對自己心已他去，就把個人新鮮激情的快樂，包裝成是妳讓他不快樂的嫁禍態度，那麼，再誠懇的祝福也會失去風度。

若有異心，膽子大點，不要捨不得甩掉外面那個，又假仁假義拴著家裡面這個。

女人，不要只顧著跟女人吃醋叫戰，小三的確很糟糕，但最糟糕的還是枕著妳套的枕頭、睡著妳鋪的床單、用著妳扮黑臉背黑鍋的功能……。

愛人要走，讓路給他，因為時辰已到，緣分已盡，妳的幸福會開始在沒有他的日子裡。

絕不為誰唉唉叫

訓練好自己可單腳站立的功夫，就算是棄婦，多少也得留個讓人家有點棄之可惜的遺憾嘛。

有一個上萬成員的社群，貼文傾訴的，有九十五%是唉唉嘆的苦情花，留言相應的有刻薄、有風趣、有見解、有戲謔，但是對於「到底我該怎麼辦」的求救，向來沒有什麼建設性的建議。

有一本健康書，書名好像是「只會唉唉叫，也不去看醫生」，這本書名運用到苦情命運，就是「只會唉唉叫，卻拿不出決心」。

決心，不能解決所有問題，但至少，決心是基本的態度。

決心是什麼？

咱們來一樣一樣釐清。

1. 只要你敢動手欺負我，立刻報警、驗傷、提出告訴，絕不接受調解和解，絕不原諒配偶，絕不將就家暴婚姻。

家暴比外遇可怕一千倍，只要稍微忍讓，施暴者很容易產生習慣性，而且越打越順手，越打越順心。

我聽過的故事中，施暴者雙膝跪地求寬恕的也很多，但是只要心軟，最後通常變本加厲。

有暴力偏執行為的人，不會看懂別人的痛，也不明白我打你一頓有什麼天大地大，這種人，婚前不能要，婚後要不得，你必須在法律的保障下理所當然的逃之夭夭、毫不流連的踢掉他。

2. 無性婚姻，雖然他說的頭頭是道，但別管這是他的宗教信仰，還是他獨成一派的理論，只要「沒有房事」、「絕育主義」、「分房分床」、「從不擁抱」這四種狀況同時發生時，別再為這種相敬如冰的冷漠苦在心裡，不妨直言相問：「你是拿我做幌子的同志嗎？我不懊惱這個婚姻，但是請你放我自由。」

你可以「以不履行夫妻同居義務」提出訴請離婚，而且你會得到絕對的人道支持、得到判決離婚的合理對待。

同志戀人關係，也出現很多「模範夫妻」，這是值得祝福的，但如果為了某些原因抓個不知情的對象來做擋箭牌，這樣的自私，憑什麼要別人淪為犧牲品？

當然，如果你覺得既有異性伴侶又還能玉潔冰清一輩子，非常符合你的純淨純潔純情想像，你的確可以把沒有肌膚之親視同超現實的尊重，那這樣的兩人，也算超凡入聖的心靈伴侶，擁有自己定義的幸福。

3. 他外面有新歡了，這事，我覺得知道自己的感覺比確定對方的企圖更重要。

先問自己：

・我還愛他嗎？
・裝聾作啞痛苦？還是大打出手痛快？
・不管外遇前後，他對待你的品質都是很好？都是很壞？還是有了新人才開始情虐舊人？

如果自己是離不開依賴的菟絲花，寧可吃悶虧用軟功，不要意氣用事選焦土政策玉石俱焚，應在靜觀其變的過程裡，養好自己的精氣神、財糧房，等到一切都忍無可忍時，你已訓練好自己可單腳站立的功夫，就算是棄婦，多少也得留個讓人家有點棄之可惜的遺憾嘛。

4. 妳願意做自家與夫家的家務事，但是如果形式內容太像不支薪的義工、外籍勞工，而且動輒看臉色，先生也從不呵護，那就想辦法加班或迴避周旋在長輩面前。

婆家刁？妳呢？妳是不是好媳婦？

夠好的人，才有翻臉的權利，我們都得先盡到自己的本分。

夫家上下待妳如外人、用妳如下人、責妳如賤人，那妳也不必無止盡的低聲下氣。

妳擔心自己經濟能力，所以不敢離開婚姻？肯做的人餓不死，反正一樣是做傭人，乾脆直接結束婚約換個新約，好的傭人很吃香，常常是老闆看妳臉色，深怕妳跳槽。何況，做傭人也不見得是離開婚姻後唯一的出路。

5. 感情飽滿的人，開心指數較低，也就是不貪心，對怎樣狀況都知足。感情溫度讓背脊發涼的關係，則讓人在面對不愉悅的感覺時比較敏感。

所以鶼鰈情深的人總是笑瞇瞇甜蜜蜜，而雙方關係僵硬的夫妻，很難得和顏悅色或輕聲細語，這種優質與劣質水平，往往無關財富。

不要踐踏婚姻，想想看，至少你們都遇過一個人，他當著全世界的面「要你」、「愛你」過，那滿足人性虛榮的幾個畫面總該值幾個錢珍惜珍惜。

但，你也要懂得鑑價婚姻，隨著時間風化，你們的小皇宮成了危樓？能不能重建？有沒有增值力？會不會把你們的關係再拉回緊密、親密、甜蜜？通通沒有可能？如果在愛情墳墓中只要不缺氧、能透氣，你就能活下去，那也行，就這樣耗著苟延殘喘也沒什麼不好。

如果不要再在一起，不只是解決眼前的荒謬不安適，還要同步考量面對未來的能力，永遠不要在解決問題的同時製造出另一個問題，用新問題解決老問題的技法，只會使自己永遠陷在問題的泥沼中。

這篇文章很中性，沒有刻意用「妳」或「她」，因為遭遇對方帶來挫折感的並非只有女性，正宮娘娘也許是正宮郎郎呢。

總之，婚姻是生命裡非常美好的獎品、非常美好的禮物，但是久了，黃斑、黑斑、漬斑就是那麼惹人礙眼，撐得住，就撐著，並思謀改善，撐不住？撐不住就要做個漂亮輸家。

我們必須忘記與放下自己十八歲時的嬌貴，逐年顛簸走到四八、五八、六八，哇，這時再回頭看，生活的選擇一向是不簡單的戰役，有時輸，有時贏，最後，你終將懂了：沒有絕對的悲慘，也沒有絕對的幸福，和你牽手的最好對象，就是一個始終能配合你打成平手的隊友。

一生可活好幾回

閱讀任何人的生活故事，都是一種娛樂，也是一種進修，心中的友愛，讓我蒐藏很多聽畢守密的可貴幸福；我和最好的朋友也不交換他人的祕密。

常常觀賞別人的生活，可以避免自己思維僵化。

女人的活法一直有很大的可塑性，一樣爬藤依附男人，妳可以是菟絲花，也可以是九重葛，有朝一日，如果妳家公子不在身邊，妳家老爺子遠在天邊，恭喜，這是妳把自己活的最精彩的時候，因為，妳，終於完整是妳的了。

很怕寫文章寫得不食人間煙火，有作為的念頭讓人譏笑裝模作樣，更怕寫文章寫到山窮水盡，提筆思緒沒有深意，讓人捧書浪費時間，於是靜靜又動動，不斷進修之外也要經常走入喧嘩找題材，希望字與字的結合，有著人與人的共識……，看看周圍的人事物。

觀察別人就像一場訓練自己的腹語對話，悟得一條完整的邏輯繩索，引人扶著繩梯來探視閱讀的價值。

我喜歡旁觀陌生人交談時的韻味兒，坐在遠處隨便讀讀唇語，就覺得會有故事可寫。

我喜歡聽有新意的話題，那怕是兩個歐巴桑談假玉、競說追劇心得，我還是會意外她們的觀念比我「跳」。

我喜歡聽朋友對閱聽作品的分析，這是我最愛投機取巧的事，因為沒花什麼力氣就吸取了一些精華。

我喜歡自己偶有亂買東西的放肆能力，以我人生認真的態度而言，買點地攤貨逗自己開心實在是省過頭，不過我尊重版權，我不買仿冒品。

我喜歡跟路邊發廣告單的小青年鐘點工搭訕，那些鞠九十度躬的少年（多半是男孩）會讓我尊敬，他們跟排隊通宵買演唱會票、排隊幾小時買新上市美食的同齡孩子，就是有不一樣的氣質，總是一臉陽光的笑容。

在人聲雜沓中，數著街頭人來人往的品質，我心裡常會不經一事就有新的轉變。

閱讀任何人的生活故事，都是一種娛樂，也是一種進修，心中的友愛，讓我蒐藏很多聽畢守密的可貴幸福；我和最好的朋友也不交換他人的祕密，因為，他們選擇向我傾訴，我就必須選擇忠實相待。

曾經，在我生活情緒低盪的時候，與半生不熟或完全陌生的對象寒暄、閒聊，反而對我具備極好極強的轉移能量，能有效阻斷我沉溺疼痛的心靈汙染源，這份理解形成日後的同理心，所以，我願意聆聽陌生人想說話的情緒，我也會回應「有禮貌態度的搭訕」，更因此發展出一輪新的朋友圈。

臉書上 messenger 陌生留言太多，已讀不回覺得失禮，一一閱讀實有困難，於是我把ＩＤ當作一個電鈴，搜尋到我的人，有的成了朋友，有的寒暄而終，幫助陌生人排遣度過情緒關卡後，留下風平浪靜的祝福，已是我心中小小的快樂。

因為這些陌生人我才知道，好多好多媽媽們都在上寫作研習班。然後我又知道：小孩學寫作文，少年學寫劇本，媽媽學寫文章，這是多麼有趣的自我分班制啊！

我是用各種方法翻找自己的敏銳，那這些不同年齡的「文科班」，又是如何進行練習呢？

作家和網紅，讓庶人媽媽的世界變大了，如果她的潛能突然翻出地面，或是她的靈感突然煙火開花，可以自由運作的公開平台太多了，發表文字作品或靠手機快閃直播，都是自己玩的開心、玩出青春夢的嘗試，有才藝有勇氣的更可上全世界的達人秀，英國的蘇珊大嬸就是我們的標竿啊！

舊時代，孩子大到一個程度，媽媽就成了空巢期裡的冰宮太后，現在可完全反過來了，孩子一獨立，媽媽就自立。

有錢闊太太，吃的貴、喝的貴、穿的貴、住的貴，的確可享受到人生無憾的優越感，但像我們這種不是多金多銀卻又很有點想法的女性，該怎麼辦呢？

我的經濟等級，是吃飯點菜必須先看價目表的，但是我有太多朋友買東西從來不看吊牌價，在她們面前，我一點都不會不自在。我很認份，明白人跟人本來就有不一樣的「行情」，如果高低落差會造成不舒適，或讓自己手足無措，表示進錯了圈子，別勉為其難，淡出就好；但有機會沾光受邀時，一定要能落落大方認真享受品味，這才是滋味裡的滋味。

低頭看自己，出門看別人，我覺得跟任何人比較起來，我自己的答案是：我這一生已經死活了好幾次，而且每一次的「生態」都大不相同，次次痛中有樂，樂中有痛；還真想再活出幾回不同的樣子。

人生顧問 431

美麗只是一朵花，女人值得永遠精彩

作　者—高愛倫
照片攝影—陳柏林
責任編輯—陳萱宇
主　編—謝翠鈺
資深企劃經理—何靜婷
封面設計—陳文德
美術編輯—菩薩蠻數位文化有限公司

董事長—趙政岷
出版者—時報文化出版企業股份有限公司
108019台北市和平西路三段二四〇號七樓
發行專線—（〇二）二三〇六六八四二
讀者服務專線—〇八〇〇二三一七〇五
（〇二）二三〇四七一〇三
讀者服務傳真—（〇二）二三〇四六八五八
郵撥—一九三四四七二四時報文化出版公司
信箱—一〇八九九　臺北華江橋郵局第九九信箱
時報悅讀網—http://www.readingtimes.com.tw
法律顧問—理律法律事務所　陳長文律師、李念祖律師
印　刷—勁達印刷有限公司
初版一刷—二〇二一年十一月十二日
定　價—新台幣三八〇元
缺頁或破損的書，請寄回更換

時報文化出版公司成立於一九七五年，
並於一九九九年股票上櫃公開發行，於二〇〇八年脫離中時集團非屬旺中，
以「尊重智慧與創意的文化事業」為信念。

美麗只是一朵花,女人值得永遠精彩/高愛倫著. -- 初版.
-- 臺北市 : 時報文化出版企業股份有限公司, 2021.11
面；　公分. -- (人生顧問 ; 431)
ISBN 978-957-13-9590-6(平裝)

1. 女性 2. 自我實現 3. 生活指導

177.2　　110017466

ISBN 978-957-13-9590-6
Printed in Taiwan